在本专著中详细研究了主要的现代预研方法，分析了国外一些领头国家在工业高新技术领域（包括国防）发展方面的预研利用经验，还单独研究了技术发展的本国预研实践和国家国防采购规划，着重分析了涉及国防和安全方面的技术发展规划过程的特点。

  本书适用于参与创建前沿武器、军事装备和特种装备的领导及专家，以及用于完善本国的国防工业。

ТЕХНОЛОГИЧЕСКОЕ ПРОГНОЗИРОВАНИЕ
И ПЛАНИРОВАНИЕ:
РОССИЙСКИЙ И ЗАРУБЕЖНЫЙ ОПЫТ,
ПЕРСПЕКТИВЫ ДЛЯ ОТЕЧЕСТВЕННОГО
ОБОРОННО-ПРОМЫШЛЕННОГО КОМПЛЕКСА

总结经验展望未来：俄罗斯军工综合体的技术前瞻与规划

[俄]谢尔盖·康斯坦丁诺维奇·列奥季耶夫 著
[俄]亚历山大·米哈伊洛维奇·古宾斯基

北京永利信息技术有限公司 译

北京理工大学出版社
BEIJING INSTITUTE OF TECHNOLOGY PRESS

版权专有　侵权必究

图书在版编目（CIP）数据

总结经验展望未来：俄罗斯军工综合体的技术前瞻与规划／（俄罗斯）谢尔盖·康斯坦丁诺维奇·列奥季耶夫，（俄罗斯）亚历山大·米哈伊洛维奇·古宾斯基著；北京永利信息技术有限公司译.—北京：北京理工大学出版社，2018.5（2021.6重印）

ISBN 978-7-5682-5608-7

Ⅰ.①总…　Ⅱ.①谢…②亚…③北…　Ⅲ.①国防工业-工业综合体-研究-俄罗斯　Ⅳ.①F451.264

中国版本图书馆 CIP 数据核字（2018）第 084893 号

北京市版权局著作权合同登记号　图字：01-2016-3269 号

出版发行 /	北京理工大学出版社有限责任公司
社　　址 /	北京市海淀区中关村南大街5号
邮　　编 /	100081
电　　话 /	（010）68914775（总编室）
	（010）82562903（教材售后服务热线）
	（010）68948351（其他图书服务热线）
网　　址 /	http://www.bitpress.com.cn
经　　销 /	全国各地新华书店
印　　刷 /	北京虎彩文化传播有限公司
开　　本 /	710毫米×1000毫米　1/16
印　　张 /	13
字　　数 /	190千字
版　　次 /	2018年5月第1版　2021年6月第2次印刷
定　　价 /	78.00元
责任编辑 /	杜春英
文案编辑 /	杜春英
责任校对 /	周瑞红
责任印制 /	王美丽

图书出现印装质量问题，请拨打售后服务热线，本社负责调换

序

  各个时期都需要预见未来，而21世纪更甚，因为21世纪是社会发展神速的世纪，也是科技飞跃、各种复杂生产突飞猛进的世纪。当然，现在建立在直观基础上的预研已经不够了。建立在客观规律性，根据严格的逻辑规则和数学信息研究处理基础上的预研也是必要的。

  在国外，科技的加速发展促进了新式武器、军事装备和特种装备的涌现。在此情况下，为了创建国内军事装备，在建立超前科技储备基础上保证能够获得国内军事装备均等机会是最重要的任务。这提高了技术前瞻和技术发展有效规划的迫切性。

  在我国（俄罗斯），在组织层面，此任务依托于一些国家机构，这些机构确立了军事技术政策的优先权，其中包括2012年创建的预研基金会。此外，该基金会的职责范围包括技术需要的前瞻，以便实现军事技术领域、技术和社会经济领域的高新成果。

  本专著吸引读者注意力的地方在于，最发达国家在最近60~70年在技术前瞻和技术密集型体系（包括武器、军事装备和特种装备）发展规划方面所积累的经验研究总结。

  各位作者开展的技术前瞻运用经验的概括和分析以及提出的技术发展规划方式方法使得可以利用本专著来明确技术发展的优先权，不仅仅是技术装备，还可以明确其他复杂技术体系的发展优先权。

  毫无疑问，本专著中所列的材料将有助于参与构建前沿武器和完善本国国防工业的领导和专家开展工作。

预研基金会总经理
А·И·格利戈里耶夫

作者寄语

本专著吸引读者注意力的地方在于，书中涉及运用于本国国防工业的技术前瞻和高新技术发展规划方面的问题。

超前技术发展，它是保障国防和安全最重要的基本国策之一。美国和其他北大西洋公约国家以往和现在一直对此问题特别关注，现有战斗力的提高技术和创建前沿种类武器和军事装备，正是这些国家的军事政治领导层特别关心的课题。

在俄罗斯，以及在苏联，技术发展也是国家的首要任务。技术发展的前瞻和规划被作为制订国家武器发展计划和执行国家国防订货的有效工具予以考量。

现代技术前瞻方法旨在基于现有科技储备建立能够设计未来的期望方式（与传统方法的区别在于，传统方法趋于猜想未来或者是今天现有延伸到未来前景的趋势）。在此情况下，规划被视为实现所预研目标的步伐实际阶段。

本专著中详细罗列了主要的现代预研方法，分析了国外一些领头国家在工业高新技术领域（包括国防）发展方面的预研利用经验；单独研究了技术发展的本国预研实践和国家国防采购规划；在最后一章分析了涉及国防和安全方面的技术发展规划过程的特点（以航天探索体系为例）。

本专著是致力于国防和国家安全问题各方面的工作延续[1~3]。

在此，本书作者向控制系统科学研究所（ФГУП．НИИСУ）所长 A·A·阿列克萨什先生表示深深的谢意，感谢他对本书编写过程中给予的帮助，并感谢预研基金会情报研究局副局长 C·B·卡尔布科在评阅过程中给出的宝贵意见和资料。

目 录

第1章 运用于国防技术发展的技术前瞻和规划的作用 ··· 001
第2章 技术前瞻 ·· 013
  2.1 前瞻性概念 ······································· 013
  2.2 未来形成的各个阶段 ······························· 018
  2.3 前瞻性方法 ······································· 020
  2.4 选择前瞻性方法的原则 ····························· 023
  2.5 外国的前瞻性 ····································· 032
  2.6 俄罗斯的技术前瞻性 ······························· 036
  2.7 国防工业的技术前瞻性和发展预测 ··················· 046
第3章 关键技术 ·· 059
  3.1 关键技术法的理论基础 ····························· 059
  3.2 美国关键技术历史和规范基础 ······················· 066
  3.3 美国的关键军事技术 ······························· 070
  3.4 美国关键军用技术"价值有限" ····················· 084
  3.5 俄罗斯关键技术 ··································· 089
第4章 路线图 ·· 104
  4.1 路线图的理论基础 ································· 104
  4.2 路线图在美国国防安全领域的应用 ··················· 115
  4.3 加拿大政府使用路线图以发展工业的相关经验 ········· 119
  4.4 加拿大政府将路线图应用到国家安全及国防中 ········· 135
  4.5 俄罗斯路线图利用经验 ····························· 138
第5章 国防工业技术发展规划 ······························ 142
  5.1 科学技术储备创立的程序性规划方法 ················· 142
  5.2 国家及联邦专项规划 ······························· 143
  5.3 武器装备系统发展专项规划 ························· 148
第6章 技术发展规划流程特点分析 ·························· 154
  6.1 技术发展规划的方法 ······························· 154

6.2 空间侦查系统运行效率指数的选择 …………… 161
6.3 空间侦查系统任务的分解及确定其工艺实施的
    优先性 ………………………………………… 164
6.4 空间侦查系统运行效率指标相对重要性评估
    方法 …………………………………………… 174
6.5 确定技术优先性 ……………………………… 177
参考文献 ……………………………………………… 187

第1章　运用于国防技术发展的技术前瞻和规划的作用

当今世界，科技发展是决定国家政治军事地位的关键因素之一。此因素同时也同步伴随着新技术效益的爆发式增长。

俄罗斯联邦国防部长指出："作为新设计和制造基础的现代科技储备的构建，是武器、军事装备和特种装备成功发展的必然条件。在所有发达国家，此过程是国家尤为关注的课题，并实施国家规划。"[4]

科技发展前瞻，作为国防和安全领域的国家政策规划的基础，它是最重要的国家任务，不管是俄罗斯（以前的苏联）还是北大西洋公约国家，曾经和现在始终都对此特别重视。中国、日本、印度、以色列和伊朗等国家也积极着手解决此任务。

在历史上，我国（俄罗斯）就是一个在国家利益方面运用预研的先驱国家。例如，早在1928年，在准备苏联第一个国民经济发展五年计划（1929—1933年）时就曾制定了《前景规划的构建原则》，这些原则包含了苏联在这个时期发展前景的前瞻[5]。在这个文件中，鲜明指出了在实现大量的国家项目时前瞻的意义。"国民经济的任何前景规划，这会不会是总规划，是五年计划或者是一些控制指标数字，它均应是行政指令和前瞻的合成体（本文件的作者特别指出这点。——С. Л., А. Г.），也就是说，它具有一定的目的宗旨及其实现的科学依据。"本文件中所罗列的原则，它们是现有趋势在未来的外推以及根据设定判据的最优化（按照现代的理解就是创建未来），这些原则成为技术前瞻的发展基础。

在美国，技术前瞻出现得稍晚些。1937年，技术分管委员会向国家资源委员会（National Resources Committee）提交了《技术趋势和国家政策，包括新发明的社会应用》报告[6]。国家资源委员会由时任美国总统的富兰克林·罗斯福（Franklin D. Roosevelt）于1935年创建，用于收集现有国家资源的相关信息，以便提高其利用效率[7]。在此报告中指出，诸如新材料制造和电视广播这样的新技术，将会加速发展并成为美国国家资源的重要组成部分。

第二次世界大战之后，技术前瞻得以继续积极发展并在诸多方面涉及苏联与美国之间的对抗。在此期间，技术前瞻的主要目的在于发现科技发展的主要趋势，分析新技术在国防工业（ОПК）领域的利用可能性。

在苏联，前瞻被用作国防工业发展专项纲要规划时的重要工具之一。俄罗斯联邦政府副首脑、俄罗斯联邦政府军事工业委员会主席 Д·О·罗戈津指出了专项纲要规划原则在第二次世界大战后苏联国防工业发展的意义：1963—1990年，针对武器、军事装备和特种装备（ВВСТ）的创建，在专项纲要规划基础上建成了国防部与工业的组织协作系统。此系统规定了：

——可能对手的武器、军事装备和特种装备的发展预判；

——本国科学和工业的科技和生产可能性评估；

——形成武器、军事装备和特种装备的长期计划；

——形成必要的科学研究工作和试验设计工作目录。

此项工作由各工业企业通力协作完成，受主流科研所和国防部各研究院所领导。此时，工业在很大程度上强调了科技和工业潜力方面的关注力度，当时国防部各研究院所开发了防止可能对手威胁的战略和战术方案。国家顶层对进程双方的信息颇感兴趣，并且采取最终决定[8]。

讲到技术前瞻在美国国防和安全领域的运用，就必须提到创建于1948年的RAND公司（RAND Corp., Research and Development（《研究与开发》))。其主要任务在于设计航空装备、火箭装备和航天装备，为解决此任务创建了集团公司。在20世纪60年代初期，RAND公司的专家开始积极钻研计算技术和程序设计，也正是RAND公司研制了著名的德尔菲法（Delphi Method），用于预判前景科技开发对未来战争形式和方法的影响。

著名的专家埃里西·扬奇对技术前瞻在美国和其他一些国家国家机构中的应用经验进行了概括总结，他共分析了100多种前瞻方法[9]。乔治·马尔金诺[10]和Р·厄伊列斯[11]在技术前瞻方法论方面做出了突出贡献。

在苏联，苏联科学院下属一些研究院从事前瞻研究开发，尤其是研究了基础科学数据资料应用于创建新技术的可能性。苏联科学家在技术前瞻应用于发展国防技术方面取得了相当大的成绩。

从事自动控制、控制论、情报学研究的杰出科学家А·Г·伊瓦赫年科在科学前瞻的方法和实践方面投入了很大的精力。他指出，虽然不能事先说出未来发现的准确日期，但是可以非常准确地预判它们对科学和技术趋势的影响[12]。

苏联数学家、控制论专家、院士В·М·格卢什科夫指出，如果基础科学，同时建立实用研究开发的科技储备，可以预测它们的趋向，则技术需求首先就确立了基础研究的方向[13]。

技术发展前瞻在1972年的科技进步综合计划（КП НТП）的筹备过程中发挥了重要作用。苏联院士、苏联国家奖获奖者Н·П·费多连科认为，这就是基础研究。该院士这样写到，为了组织、领导和协调科技进步综合计划的所有工作，在苏联科学院主席团和苏联国家科技委员会（ГКНТ）的主持下，于1972年创建了由参与者组成和数量很特殊的科学委员会，该委员会由超过一百位专家组成，并集中了一批顶尖科学家。在无线电技术和电子学领域杰出的专家、苏联科学院副主席和电子科学委员会主席В·А·科捷利尼科夫成为科学委员会主席和所有工作的领导人。在1976—1990年的计划研制过程中，大约有270位一流专家参与此项目，他们来自超过90个科研所和设计院。论据和计算数据概括总结在17卷和1个汇总书册中。本计划由下列六个单元（汇总章节）构成："科技进步长期远景任务""科技进步主要方向""科学发展""培训骨干与发展教育体系""加快科技进步的经济条件和组织条件"以及"科技进步的社会经济成果"。

应当指出，专门的前瞻方法的制定，以及在此过程中积累的全新经验和非常丰富的大量跨学科研究的组织经验（参与研究者人数众多，而且研究时间较短），对于科技进步综合计划是根本。此方法和经验后来被科学院用于其他研究[14]。

在当代俄罗斯，技术前瞻与规划持续成为重要的国家任务。在科学和创新战略方面，2015年之前俄罗斯联邦，在技术创新基础上的经济现代化主要措施之一就在于建立国家长期远景发展的技术前瞻体系以及俄罗斯联邦科学、工艺和技术发展优先方向的明确机制，其中包括：

——创建技术前瞻体系（包括制度和组织机制），包括预见（Foresight）方法的应用；

——在永久基础上制定科技和平发展长期预研机制；

——在长期技术前瞻基础上形成商业战略修订方面的建议提供机制，以及形成前瞻不可靠的国家责任（其中包括财务责任）机制；

——在技术协调方面（在技术规程和标准国际层面的协调）明确长期的国家政策；

——形成方法论、法规基础和俄罗斯联邦科学、工艺和技术发展优先方向的确立和定期修正机制，俄罗斯联邦关键技术目录和技术发展优先权，保证它们对于整个人类社会"信息透明"；

——制定技术前瞻结果和俄罗斯联邦批准的科学、工艺和技术优先发展方向的利用机制，以及在相应的联邦国家和部门技术专项计划形成和完善过程中制定技术发展优先权；

——完善联邦权利执行机构运行目标指标体系，也就是说，形成相应行业发展创新方面的指标[15]。

为了实现俄罗斯联邦武装力量、其他部队、军事组织和机构的建设和发展规划（计划），应对国家安全威胁，制订为期30～50年的国家武器计划，委托俄罗斯联邦政府创建新的高效分析和战略规划体系。俄罗斯联邦政府同时还肩负着下列任务：未完成计划的高风险研究工作基础科学的动态发展以及实现国家国防和安全保障方面的实用研究计划，其中包括俄罗斯联邦科学院、国家科学中心和一流大学的参与[16]。

俄罗斯联邦国防部副部长 Ю·И·鲍里索夫强调，为保证武器、军事装备和特种装备的发展，在明确的优先权基础上，在俄罗斯联邦构建科技储备（以下简称 НТЗ）。根据俄罗斯联邦总统 2012 年 1 月 11 日批准的"俄罗斯联邦科技领域基本国策"，俄罗斯联邦科学、工艺和技术的优先发展方向以及俄罗斯联邦的关键技术目录被视为顶级优先。

按照现行版本的上述目录，用于创建前沿武器、军事装备和特种技术装备的基础和关键军事和工业技术占据首要位置，根据下列部门文件，在国家武器发展计划（以下简称 ГПВ）和相应的联邦专项计划框架范围内保证它们的实现：

—俄罗斯国防部，基础和关键军事技术目录；

—俄罗斯国防部，关键工业技术目录。

在基础军事技术发展计划（第 10 章，国家武器发展计划）框架范围内，用于前沿武器、军事装备和特种技术装备样品的科技储备主要组成部分，根据科学和技术的发展趋势、国防工业的订单和职能体系等的变化，其建立、跟踪和实现方法始终得以完善和改善。

属于第 10 章国家武器发展计划的主要任务有：

—研制武器和技术，具有全新属性的材料，新化合物的新的构建原理，分析、合成和模拟方法；

—寻找和实现现有和前沿军事任务的非传统方法；

—在关键军事技术方面，前沿武器试验样品（样机）的创建、试验、效率评估和展示；

—对于全新的武器、军事装备和特种技术装备样品，在新材料、高能成分、标准技术方案、组件、附件和模块基础上创建其结构；

—创建非传统武器的试验和试验样品，开展其演示性试验。

第 10 章国家武器发展计划中规定了国防与安全领域的基础研究、

前沿和探索研究的开展，以及规定了非传统和全新武器样品构建保障方面的实用研究和工艺技术研究[4]。

自 1977 年开始，现存的俄罗斯国防部中央科研试验院，作为对各类武器和军事装备的一体化和标准化负责的国防部下属机构，它在研制国家武器发展计划和创建科技储备方面发挥了重要作用。它是俄罗斯国防部综合类科研机构，负责策划和制订俄罗斯联邦武装力量武器系统和国家武器计划，对国防部的国家国防采购提出建议，以及致力于军事标准化和编制俄罗斯联邦武装力量的武器装备目录。科研试验院的专家们在制定科技储备的规划和武器发展管理方法方面做出了杰出贡献[17~20]。

一般情况下，运用于武器、军事装备和特种装备的前沿样品研制方面的科技储备创建可能表现为图 1.1 所示过程，该图上的科技储备主要组成部分是科学储备、新科技储备和生产工艺储备。

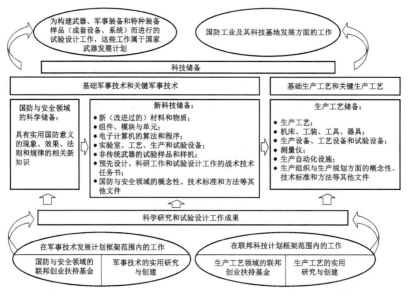

图 1.1　运用于俄罗斯国防与安全的科技储备创建示意图[20]

俄罗斯联邦政府副主席 Д·О·罗戈津强调说，应当立即恢复武器和军事装备样品的构建方法，按照此方法，通过批生产之前的实用和试验设计工作开展基础研究，可以严密监督具体样品的研制进程。在相应的俄罗斯联邦专项计划框架范围内，安排实施此计划，使总设计师成为来自工业的专项计划订货方，而科研院所在创建着眼于未来的储备的同时保证了专项计划的实现。前沿研究基金会负责解决此任务较为合理[8]。

前沿研究基金会创建于2012年10月，根据2012年10月16日第174-Ф3号联邦法，具有了下列主要功能：

——建立对于国防和国家安全的可能威胁的科学预判，以及其产生原因和排除途径；

——确定科学研究的主要方向；

——寻求、预定、核准和跟踪高新军用、专用和双重用途高新技术产品研制和生产领域的创新科技概念、先进的设计和技术方案；

——保证这些概念和方案达到设计水平，由此获得实际运用（推广）于国防与国家安全的可能性和合理性理论和（或）试验依据，其中包括运用于俄罗斯联邦武装力量的现代化，研制和创建高新军用、专用和双重用途的创新技术和高新技术产品[21]。

谈到前瞻在达成前沿研究基金会所提目标的作用，基金会总经理А·И·格里戈尔耶夫指出，在基金会的基地组建一个大型的讨论平台，在此平台通过吸引科学界、军事和民用设计思路方式，起初将能够对15～20年以后可能出现的武装斗争的前沿种类和手段实现前瞻预判，然后能够明确依靠哪些工具可以抵抗此威胁，并在这之后开始此类工具的创建工作[22]。

目前最普遍的前瞻方法为：技术前瞻（Technology Foresight）、路线图方法（Roadmap）和关键技术（Critical Technologies）。所有这些方法均积极运用于解决国内国防工业的发展任务。

这样，例如，根据1995年俄罗斯政府关于国家支持发展科学和科技研究的决议[23]，开始了关键技术和科技发展的优先方向的探寻工作。为了克服科技危机状况，发掘经济创新发展潜力，以及保证国家支持俄罗斯科学和技术的发展，微调俄罗斯国防工业部、俄罗斯科技部和俄罗斯经济部等国家权力机关准备科学与技术的优先发展方向以及国家级关键技术目录相关提案。

根据政府科技政策委员会的决议（1996年5月28日备忘录，第2号决议），就此问题提出了提案。1996年6月13日，《关于发展俄罗斯科学的主张》俄罗斯联邦总统令中提出了关于建立和实施1996—2000年科学和技术以及关键技术的优先发展方向[24]。接着，关键技术目录分别在2002年、2006年和2011年更新[25~27]。

技术前瞻在准备联邦专项计划《2007—2012年俄罗斯综合科技优先发展方向相关研究工作》时予以使用[28]①，它对俄罗斯国防工业具有非常重要的意义。

特别是俄罗斯工贸部制定了一系列国防技术发展所必需的路线图，这些路线图于2013年7月由俄罗斯联邦政府予以批准，现对其中一些进行研究。

1)"复合材料生产行业的发展"措施计划（路线图）[29]。复合材料是最有效和技术较完善的材料之一，这决定了此行业发展的重要性。它们是聚合物、陶瓷、金属、含碳或其他合金基质填料的多组分材料。复合材料应用于不同的经济行业领域，但是它们对于国防工业具有特别重要的意义，尤其适用于创建现代航空技术装备。路线图所规定的措施的实施，可以达到此文件规定的检测指标（2016年和2020年），以及可以建立行业发展所必需的定额基准。路线图框架范围内待实施的国家协调措施，对于建立和发展国内和世界市场上具有竞争力的现代复合材料产业应当创造必要的条件。

2)"发展光电技术（光子学）"措施计划（路线图）[30]包括促进研究工作发展的措施、干部培训机制、生产潜力的发展措施，以及国家权力机关的国家协调完善措施。近年来，光电技术（光子学）成为发达国家创新经济发展的重要方向之一。根据欧委会的评估，2015年光子学的世界市场约为5 000亿美元。

3)工程和工业设计领域的措施计划（路线图）[31]。此计划的实施

---

① 在2011年联邦专项计划予以延期，并且相应更名为：2007—2013年联邦专项计划。

可以制定和推广工程和工业设计领域的标准、规范和规则，制定国家支持综合工具，其中包括用于实现工程公司的前沿项目，以及推广促进俄罗斯联邦经济和工业现代化的综合工具。

4）2013年12月，俄罗斯联邦政府批准通过了俄罗斯工信部制定的新版"信息技术发展"措施计划（路线图）[32]。此措施计划旨在实现2014—2020年俄罗斯联邦信息技术领域发展战略所提出的任务，以及实现2025年之前的预研[33]。本措施计划包括开展一些综合性研究措施，以便创建国内的云计算技术和俄罗斯超级电脑的发展技术，并包括斯科尔科沃创新中心基础设施的利用和操作可能。

5）2013年7月，俄罗斯联邦政府批准通过了俄罗斯经济发展部制定的"生物工程和基因工程发展"措施计划（路线图）[34]。此路线图在概念上关系到俄罗斯联邦在2020年之前的生物工程综合发展计划，此综合发展计划由俄罗斯联邦政府首脑于2012年4月24日批准[35]，并且包括工业生物工程、生物能量学和基因工程方面的措施，这些措施旨在创建新的工业行业的生产技术基地。

目前，根据俄罗斯联邦总统《关于长期国家经济政策》令，俄罗斯联邦的技术前瞻体系的建立任务业已解决[36]。

在技术前瞻体系中有一些关键部的参与（其中包括工商贸易部、国防科技部、经济发展部、交通运输部、工信部、资源部、能源部、卫生部）以及一些部门、开发研究院、科技和创新活动扶持基金、技术平台、创新地区社团、大型俄罗斯公司、行业科技前瞻中心、一流高校和科研单位的参与。直属俄罗斯总统领导的俄罗斯联邦经济现代化和俄罗斯创新发展委员会主席团的部门间技术前瞻协调委员会可保证此体系的职能[37]。部门间委员会的主要功能在于，建立技术前瞻的方法、组织、专业分析和信息跟踪以及技术前瞻体系的职能[38]。

2014年1月，政府首脑批准通过了俄罗斯联邦2030年之前的科技发展前瞻，它建立了用于制定长期战略、定向计划、中期前瞻文件和规划文件的统一平台。长期前瞻建立在下列科学、工艺和技术优先发展方向基础上，它们可以保证国防和国家安全保障任务的实现：信息通信技术、生物工程、创建新材料、纳米技术和航天系统。在上述各方向上，分析出了全球性挑战和俄罗斯面临的威胁与机会，确定了创新市场和国内创新技术和研究工作的需求前景范围，以及与世界领先相比对它们的水平做出了评价。

长期前瞻的组建方案开始于 2011 年，在工作中使用了 15 个国家超过 2 000 位专家的调查数据，包括科研中心、高校、商业、技术平台、创新地区社团的代表；总共分析了超过 200 个国外和俄罗斯项目前瞻，使用了专业化统计资料、馆藏资料和专利研究数据资料。在项目执行过程中，建立了科技前瞻行业中心网络，此网络涵盖了来自俄罗斯 40 个地区超过 200 个科研单位、高校和公司[37]。

自 1998 年开始实施的科学、技术和创新领域的一些俄罗斯前瞻项目如图 1.2 所示。

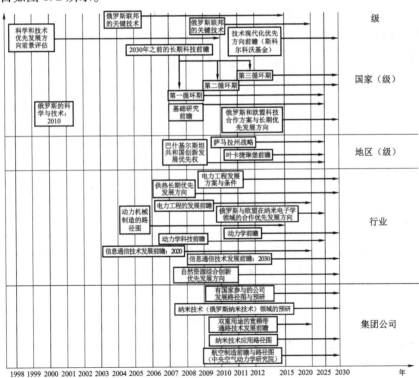

图 1.2　科学、技术和创新领域的俄罗斯前瞻项目

2013年5月，俄罗斯联邦政府批准通过了联邦专项计划《2014—2020年俄罗斯综合科技优先发展方向相关研究工作》，它对发展俄罗斯国防工业具有非常重要的意义。联邦专项计划的主要目的在于，在实用研究领域建立具有竞争力和富有成效的研究部门，由此提出了下列两大主要任务：

—利用基础研究框架范围内所取得的成果，建立超前科技储备；

—在科技领域优先发展体系基础上，保证研究工作的系统规划和协调。

建立超前科技储备，首先需要解决下列任务：

—通过机构订货方（联邦权力执行机关、技术平台、创新地区社团和商业等）的利益协调，保证所创立的科技储备的落实；

—在其他国家计划技术发展优先方向、行业战略、技术平台的战略研究、地区创新社团的发展计划、有国家参与的公司创新发展计划、其他行业经济公司的发展战略和计划的组建过程中，建立和发展登记注册机制；

—在建立科技储备的所有阶段，在执行科研工作和试验设计工作的所有阶段，以及在优先权体系的建立和实施过程中招揽研究成果的用户。

在科技领域优先发展体系基础上，为保证研究工作的系统规划和协调[40]，应解决下列问题：

—建立和发展科技领域的优先发展体系；

—在分析联邦权力执行机关、有国家参与的公司、行业集团公司和商务代表的需求基础上，结合统一的技术前瞻体系的建立，以及在基础研究体系的成果基础上，建立和发展部门间研究工作的协调和规划体系；

—在统一的科技前瞻体系框架范围内，建立和发展中期和长期科技前瞻体系。

2014—2020年计划，它是对《俄罗斯2007—2013年科技综合优先发展方向研究》联邦专项计划的继承。除此之外，此体系是实施国家计划的专项工具。此外，此体系还是实施《科技发展》国家计划（2012年12月20日第2433-p号俄罗斯联邦政府令批准）的专项工具。

按照2014—2020年俄罗斯科技综合优先发展方向，研究计划将分成两个阶段实施。

联邦专项计划第一阶段（2014—2017年）的主要目的是：建立实用研究领域的研究部门的战略发展基础。为了达到上述目的，需解决下列问题：

— 建立与发展研究工作的协调和规划体系，在中期和长期科技前瞻成果基础上形成优先权内部实施研究课题；

— 建立和保证发挥中期与长期前瞻体系的职能；

— 结合考虑机构订货方（联邦权力机关、技术平台、地区创新社团和商业等）的需求，在中期与长期前瞻体系基础上建立科技发展的优先权体系；

— 根据已经明确的优先权制订综合研究计划；

— 把基础性研究项目列入科技发展优先权体系中，根据已建立的优先权而实施的实用研究，解决有关任务。

联邦专项计划第二阶段（2018—2020年）的主要目的在于，建立实用研究领域平衡和稳定发展的研究部门[41]。

* * *

在国家完善前瞻效率和提高规划质量的同时，继续完善前瞻方法本身。其中最为普遍的方法详见以下章节。

第 2 章　技术前瞻

2.1　前瞻性概念

前瞻性（Foresight）概念可追溯到 1983 年，应用研究与发展咨询委员会（Advisory Council for Applied Research and Development，ACARD）——英国政府咨询机构，邀请科学政策研究所（Science and Technology Policy Research —SPRU, University of Sussex）分析科学研究的现状，并评估其中长期重要性[42]。在研究过程中，还了解了其他国家采用的方法，以便评估和预测科学研究前景，形成新的技术视野；分析了近 20 年法国、德国、日本和美国在发现新的研究方向，最后产生新工艺或产生最终商业效应方面的经验；研究了预测对是否能产生良好结果的影响。回顾性分析有意义的技术成果的科学起源有助于弄明白是否可以根据这些起源预测可取得结果的成功性。此外，还参考了早前得出的此类工作的研究结果——Project HINDSIGHT[43] 和 TRACES[44]，分别属于军事和民用领域。上述工作的最主要成果之一是：明白这些领域的关键性成就可以通过几种不同的方法，而非某种明确的方法从自身科技起源中分离出来（图 2.1）。由此可见，要预测高科技领域取得有前途的突破性成就的可能性，就不能只立足于现代研究成果，还要考虑现有科技先驱发展过程中出现的其他因素和情况。由此可以得出，可能性预测不只是"猜想"未来，也是在有目的地管理技术发展关键点的基础上，通过活化一系列关键事件"创造"未来。

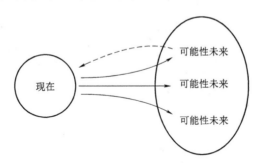

图 2.1　未来不同方案的选择[45]

科学政策研究所将这些成果以最终报告的形式提交给英国应用研究与发展委员会。

预测有效构建未来的新方法需要英国领导的形象支持，以便充分感知。除此之外，还必须有令人印象深刻的名称。故取词"foresight"（"前瞻性"），反映新的预测方法和对早前研究的继承性。Foresight 与上文提到的 HINDSIGHT 计划读音相似。这样就出现了新的预测方向——前瞻性[46]。

需要指出的是，单词"foresight"本身和所指代的预测方法，在更早以前就曾使用，特别是在美国和日本。但前瞻性的完整概念是由英国科学政策研究所确定的。

科学政策研究所的研究成果刊登在《科学前瞻性：胜利者的选择》[47]上，被撒切尔夫人政府消极对待。作者们建议英国在进行技术预测研究时采用远远超过英国的日本经验，但对于英国人，为了自己的威信，建议并未被采纳。未被采纳的另一个原因是不理解书名，英国官员们理解成"政府应选择胜利者"。撒切尔夫人政府的思想体系以"胜利者"为基础。其中包括科学的未来方向不应由政府确定，而应由自由的市场关系确定。形势到 1993 年才有所好转，这时已换成另一位首相——约翰·梅杰（John Major），随之而来的是思想的转变，政府决定开始实施英国技术预见计划（UK Technology Foresight Programme）。

在《科学前瞻性》一书中，给出新方法的第一个定义："前瞻性——方法、机构学的总称，是揭露重大研究领域的方法，具有重大战略潜力。"前瞻性的这种理解实际上不同于早前提出的技术预测方法。

1940—1950年，为保证美国安全——发现未来战争技术、确定其实际执行方法[48]，兰德公司发明了技术预测方法。兰德的分析员，以及后来的英国研究员发现了传统数量预测方法的不足。通过机械地向未来延展现有趋势，不能建立中长期的可靠预测，必须在预测方法中引入非正式的组成部分。这种组成部分的引入通过吸引一批高素质的专家进行预测来实现，随之出现了专家预测方法。德尔菲法（兰德公司，19世纪40年代末）和脚本法（兰德公司，1950年）是现今该领域最好的两种方法，被广泛应用，而且是很多前瞻性综合研究方法必不可少的部分。德尔菲法基于几个独立专家组多层次调查原则。脚本法是建立几个完备的未来方案（脚本），其中每个方案均可在一定条件下实现。

* * *

现代观点认为，前瞻性整体，尤其是技术前瞻性已实现预测研究方法的自然发展。前瞻性的本质主要表现在以下三个方面：

—在每个前瞻性项目中，根据项目目标方向选择全套综合预测方法；

—前瞻性项目目标——确定可能性未来，建立期望未来的形态并确定其实现策略；

—在前瞻性项目中应确定前瞻性成果中直接相关的决策人和组织结构，还应根据其专业范围，实现前瞻性结果中得出的期望未来构建方案。

前瞻性没有统一的、通用定义。除上述英国专家给出的定义外，还有其他反映目的方向性和表现各作者不同概念方法的定义。

卢克·格奥尔吉乌（Luke Georghiou），前瞻性思想家，给出如下定义："前瞻性——系统评估科技发展状况和阐明其对工业发展和工业竞争能力提高可能性影响的方法。"[49]

欧洲改善生活与工作条件基金会（European Foundation for the Improvement of Living and Working Conditions），专门出版了有关前瞻性的教学参考书，定义前瞻性为在优化原始数据、使用广泛建设系统的基础上做出决策的信息保证[50]。

知名俄罗斯学者、高等经济学校科学研究局统计研究和知识经济研究所（ИСИЭЗ）所长、科学杂志《前瞻性》主编，Л·М·戈赫别尔格教授给出了几个定义："前瞻性——专家鉴定创新发展长期前景、发现技术突破的方法系统，这些方法可以最有效地应用在经济和社会领域……即阐明战术战略竞争优势，制订计划并组织系统性作用，并在其基础上对经济和社会产生显著效果……这是将'产物'（预测、脚本、优先考虑的事物）与'过程'（在所有相关方间建立联系）结合，这不仅有助于预测未来，还将在政治家、专家、商人间有计划的谈话的基础上达成共识。

前瞻性——不同领域专家组间复杂渐进的多维互动。可以总结出：为提高竞争力，基于创新选择国家、地区、行业或公司发展的战略重点。达到该优先级是国家、经济主体和社会整体的目标，因为这种综合性特点是前瞻性较传统社会经济预测方法的主要优点。"[51]

国际科学教育前瞻性中心主任 А·Б·索科洛夫定义前瞻性为："中长期发展预测的系统过程，在所有相关方参与的基础上，做出现行决策，动员共同行动。"[52]

本书作者认为，给出国防领域科技研究的技术前瞻性定义是合理的：技术前瞻性是专家鉴定未来科学研究战略方向、阐明中长期内对国防能力和国家安全有巨大影响的突破性和关键性技术的方法综合体系。

前瞻性项目的方向性各不相同，世界上广泛应用的领域为商业和民用，但历史上技术预测的主要方向与国防安全领域预测研究相关。技术预测在各个领域均取得了优先发展，其主要目的在于发现并激活技术领域的远期研究。这种方法的前提是科技发展基本研究结果体系稳定，因此，武器和军事装备生产领域的显性只体现在超前的科技发展中。

从19世纪70年代初开始，技术预测不止在国家安全领域得到发展，还用于科学和商业目的，并实施了一系列研究经济发展前景的国家级项目。这推动了某过程（随后被命名为"知识经济"）的发展。

日本政府评估了新兴知识经济的前瞻性优点，其结果是在很多方面成就了著名的日本"经济奇迹"，保证了日本经济突破性增长。几乎所有的欧洲国家和中国都在进行着类似的研究。

尤其是在美国、英国、德国和法国，甚至整个欧洲，前瞻性都引起了广泛共鸣和对科技政策的影响。第六、七、八欧盟科研框架计划（Framework Programme for Research and Technological Development）是在国家和国际前瞻性项目成果的基础上制订的。小团体前瞻性项目[53]正在积极发展。

现代研究员和分析员划分的前瞻性五个阶段，指出了该方法从简单的应用智能工具向全球性方法原则的演化（图2.2）。

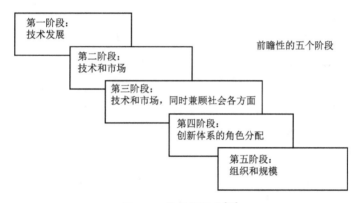

图 2.2　前瞻性演化[54]

1）重点关注技术发展进程本身，完善预测方法，证明现有方法的不同组合。实际上，前瞻性作为某种方法产生。

2）技术前瞻性积极发展。未来，技术发展不仅适用于国防安全，还与工业需求息息相关且受市场影响。

3）前瞻性正进入解决应用问题的更广阔空间。评估技术发展情况需考虑到社会的方方面面，以及社会需求。

4）技术发展与创新体系的角色分配有关。前瞻性成为构建期望未来景象的工具，正进行全球化技术准备。应着重预防系统性事故，提高经济结构要素的重要性。

5）技术发展全球化。前瞻性是公认的全球进程构建工具，应尤其注意复杂经济结构功能作用的协调性。

2.2 未来形成的各个阶段

按该领域领头专家之一——R. Popper[55]的观点，未来形成的前瞻性过程可分成以下五个阶段：

—准备工作（Scoping Futures）；

—动员参与者（Mobilising Futures）；

—构建期望未来的形态（Anticipating Futures）；

—处理建议（Recommending Futures）；

—实现转变（Transforming Futures）。

准备阶段包括一系列关键时期，如制定研究目标和研究任务，确定与研究相关的伴生外部条件和实际初始情况，确定研究的科学领域，解决组织问题和资金问题，制定方法（选择研究方法及其组合），制作明确的研究方案（确定主要措施、任务及其完成时期），确定研究规模（全球、国家、地区）及其临时范围；最后时期——所有研究参数与资源基础的最终匹配。

动员参与者即动员相关方（业主、赞助者）代表，使其参与到项目中来，并给项目执行者分组。项目执行者通常分为三类：科研组（即项目领导、技术研究员和设计人员）、支持组（负责组织、材料技术和行政问题），以及专家组（方法学和科学领域）。通过谈判、会面和专业圆桌讨论等形式，实现业主、投资人和项目科研领导利益的协调一致。组织销售过程PR支持和项目结果也是项目的重要元素，为此，使用销售战略，建立横向联网。表面上把动员参与者划分成单独的阶段，实际上在前瞻性过程实施的各个时期均进行参与者动员。几个类型的活动与准备工作阶段同时开始（与赞助者的合同谈判或成立科研组）。可通过整个项目实施过程中的动员实例培训各目标组。

构建期望未来的形态阶段，依照R·波佩尔，包括在现有预测方法基础上阐明预期的未来方案和确定实现这些方案的可能性脚本。此时可以发现影响不同脚本实现的因素，确定发展的驱动、趋势和大趋势。

在项目前期阶段取得成果的基础上，进行建议处理。构建完预期未来形态、查明实现预期未来的可能性方法后，必须指出实现该预期未来所需的行动。此时，通过激活相应作用因素并控制发展驱动，可实现未来建设的更高效脚本。例如，预测是否会出现某种有助于创造高质量的新产物的有前途的关键技术，为了在未来产生该技术，必须现在就开始做某些研究。

转变是构建未来的最后阶段。一般情况下，这属于业主和项目资助者的职权范围，他们依照自己的职权和能力，根据前阶段制定的建议进行必要的转变。

构建未来的前瞻性过程的关键元素见图 2.5。三角形的三个顶点分别对应最初三个阶段——准备工作（三角形左下角顶点"实践"）、参与者动员（三角形右下角顶点"参与者"）和构建预期未来形态（三角形顶部顶点"成果"）。在最初三个阶段的基础上编写建议，并根据这些建议，进行预期未来构建过程中必需的转变（该过程位于三角形中心）。

影响未来方案选择的因素如图 2.3 所示。

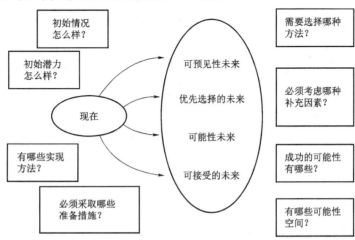

图 2.3　影响未来方案选择的因素[45]

2.3 前瞻性方法

如上文所述,前瞻性项目的主要特点之一是使用各种各样的方法。不存在统一的前瞻性模型,每个前瞻性项目都有其特殊的目的和任务——与进行前瞻性项目的国家和专题方向有关。

现在有 15~20 个应用最广泛的方法,其组合可构成具体的前瞻性项目。

前瞻性项目中采用的方法可进行不同的分类。例如,分成三类[57]:定量方法或形式化(外推法和间推法,数学模型、数学统计方法和概率论等),定性方法(SWOT 分析、头脑风暴、交谈、文献综述、形态分析、关联树、脚本、人物游戏等),以及混合型(交叉分析、德尔菲法、利益映射、关键工艺、多因素分析、结构分析、游戏模拟、路线图等)。

维亚特卡社会和经济研究所所长、国际未来研究科学院维亚特卡分院院长、经济学博士 B·C·西佐夫教授将前瞻性方法分成下列各组[58]:

—起源概述法、审视起源法、文献分析法;

—专家小组法、社会小组法、德尔菲法、头脑风暴法;

—关键技术分离法、技术图解法;

—相互影响分析法、全球趋势分析法、多文化分析法、SWOT 分析法;

—未来设计法、前景计划法、反向前景计划法、模型实验法。

俄罗斯科学院世界经济和国际关系研究一级研究员 H·B·舍柳布斯卡娅在谈到欧洲前瞻性项目的实践经验时指出[59],欧洲国家所有前瞻性项目中实际应用最广泛的方法是:文献综述法、头脑风暴法、专家小组法。第二组同样受欢迎,包括未来评估工作会议法、德尔菲法、关键技术鉴定法、SWOT 分析法、形势分析法、外推法。第三组包括已普及的方法,即"工艺流程图法"、"绘图法"、主参与者"映射"法、居民小组会议法、评论频率分析法。除上述方法外,还用到了写短论、游戏法、相互影响分析法、大趋势法、多标准文献分析法。

前瞻性项目所用方法如此多种多样的分类反映出组织前瞻性研究和进行研究过程的固有特点。此时，需要强调的是，这些方法，例如关键技术法、路线图法、德尔菲法等，常用于与前瞻性项目无关、类似规模的预测性研究。很多情况下，这可根据开始任务研究之前提供的特点确定。

不同的前瞻性项目中使用方法组合的设计，除研究目标和任务外，还与很多其他因素相关，包括业主（国家机关或商业结构）要求特性、拨款来源、是否具备合格的专家、是否对工作期限有限制等。

我们一起来看下组织前瞻性研究时用到的各种方法。

德尔菲法的基本原理是：对专家组进行分层、多层次地匿名问卷调查原则。此时，通过连续迭代法进行函询调查，每次迭代均需确定研究问题。该方法的主要优点是提高获得结果的质量，缺点是烦琐和成本高。

脚本法：具有不变性地描述实物或过程的假定未来，指定该描述时应考虑到执行预期条件时可能出现的情况。该方法用于中长期内未来具有较大不确定性的情况。

在脚本研讨会上，由专家组在同一地点按照正式规范制定脚本。

头脑风暴（Brainstorming）：在激发创造力的基础上解决问题的方法，使用该方法时，建议参与讨论的成员尽可能多地说出问题的解决方案，其中包括最离奇的方案，然后从所有想法中选出最成功的，即可以实际使用的。

专家小组法：就指定主题，对固定成员的专家小组进行系统性询问调查。询问调查体系完整，且按提前编制的提问清单进行，并将答复记录在专用表格（调查问卷、日志、表格等）中，以便进行后续分析。该方法的有趣之处在于，可记录过程动态、过程变化与实时作用的上述因素间的关系。

前瞻性会议：专业科学会议，会议期间在快速模式下组织前瞻性问题的辩论讨论，专家提出问题的可能性解决办法，分析潜在替代品，揭露隐藏的可能性和限制，指出未来所讨论问题的最佳发展道路。

文献分析（引文分析、科学计量分析）法：研究不同科学理念或技术随时间的发展情况（包括其向其他领域的渗透），并在科学出版物和考虑文件引证、引用的基础上对其发展情况做出预测。

专利分析法：与文献分析法有很多相似之处，通过专利文件进行分析。

"La Prospective"法（前景）：允许使用相关矩阵（矩阵，可给出数据集合中每个变量与该集合内其他变量间的相关系数），以成体系地提供系统主观知识（变量矩阵），各因素或各组因素间关系重要性的专家鉴定是该主观知识的基础。该方法于20世纪70年代中期由法国原子能机构制定，以预测原子能在未来的发展前景。

SWOT分析法：用于在相互作用的要素组合的基础上结构化说明问题情境，要素可分为四类，即Strengths（优势），Weaknesses（劣势），Opportunities（机会），Threats（威胁）。

关联树法：采用该方法可对待研究的综合问题进行分解，并用树形结构表达出来——一组关键节点（综合问题的各单独要素）和它们之间的联系。通过这种方法，一方面可以将数学图论的形式技术用于分析"树形"，另一方面可直观地评估问题的可能性解决方案。

形态分析：基于发现待完成任务各要素（称为表现任务特点的形态特征）的"可能性空间"及各要素与目标（获得完整的各要素组合方案清单）的配合，最后为所有任务整体建立可能性空间。

趋势外推法：发现目标待评估的系统特征和结构特征随时间变化而发生的量变趋势。

仿造模拟：即建立信息模型，以不同的抽象程度描述真实过程。通过以这种方式建立的模型，可以进行不同的研究和试验，再把从模型中得出的结论归纳到初始目标上。

外卡效应：小概率事件，能使局势发生量变，使局势不朝着初始预期方向发展。

科学幻想作品：尽管该方法表现出"不严肃性"和"童话般的神奇"，但也是预测未来技术成果和科学发现的有效方法。我们以《二十一世纪报告》一书为例，该书以《共青团真理报》记者与苏联科学院首席科学家的访谈为基础，由这些记者于1957年写成。科学家们设想了 50 年后（2007 年）科学将是什么样子。

杰出的苏联科学院院士弗拉基米尔·亚历山德罗·科捷利尼科维，著名的奈奎斯特定律（最著名的信息论之一）作者，被称为数据数字传输之父，与其进行的访谈提及进一步"预测"的出发点：

21 世纪无线电技术设备……

休息日的清晨，你想起来昨天跟朋友约好出城散步。你伸手从床头柜上拿起一个烟盒大小的设备，这是供个人使用的电视收发器，在我们的星球上，无一例外，所有人都有这个设备。你找到朋友的号码，并按键呼叫。接收器浅绿色的屏幕横穿过波纹带，这说明呼叫设备正忙，你的朋友正在和别人聊天。但你的朋友收到了你的呼叫通知，现在就要看他是接通你的电话，还是让你等待。

显然，他不能秘密地通话。你设备的屏幕亮了起来，屏幕上出现了熟悉的面孔，通过电子书绘制画面的清晰度能让你数出所有睫毛和所有雀斑，尽管图像并不大。同时出现的还有声音，一起谈论着城外散步的事情。

一句话结束后，屏幕上出现了第二个交谈者。你加入了谈话，屏幕没有变暗，你看到两个人，观察着他们的表情，你可能在想：20 世纪中期的人怎么能只用电话交谈呢，不用无线电也不能像现在这样看着自己的伙伴，而这是多么重要啊！

关于旅行路线展开的讨论，需要查看地图。无论图像多么清晰，明信片大小的莫斯科地图绝不是规划汽车旅行路线的最好指南。你打开客房电视，它的屏幕占据了整面墙壁。你眼前的地图就是你朋友的帐篷所处位置，距莫斯科 100 km。你选择了行车路线，使你们仨在朝同一个方向集合[61]。

这就是 1957 年可以预测的移动电话、互联网和卫星导航现象……

但不是所有的预测都实现了（图 2.4）。

2.4 选择前瞻性方法的原则

通常，在进行前瞻性项目时，根据其目的和任务采用几个相互补充的方法。虽然没有统一的组合规范，但通过前瞻性项目实施经验可以总结出几条基础原则，最直观的表现如图2.5"前瞻性三角形"所示。该三角形各顶点是前瞻性项目中使用的不同方法固有的群体特征（因素）：创造性、专家鉴定和相互作用。根据各方法在对应因素中的表现程度，布置其在三角形内部的位置。这些方法的组合，从不同程度上表现三角形每个顶点的特征，根据前瞻性项目的方向性进行挑选。

图2.4　科学的未来[60]

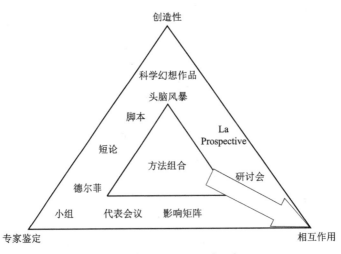

图2.5　前瞻性三角形[62,63]

最近不同国家的大量前瞻性项目实施经验显示，每个项目中所用方法的数量有增加的趋势。此时，除上文给出的三角形各顶点表示的群体特征（如创造性、专家鉴定和相互作用）外，另一个群体特征具有更大的意义——说服力。专利分析、文献分析、外推法和统计学方法等通过前瞻性成果获得的令人信服的观念开始被更频繁地使用。

随着对前瞻性项目发展理论的不断了解，出现了新的视觉形象。前瞻性三角形变成了前瞻性菱形（Foresight Diamond）（图2.6）。此时，菱形顶点的各术语有下列含义。

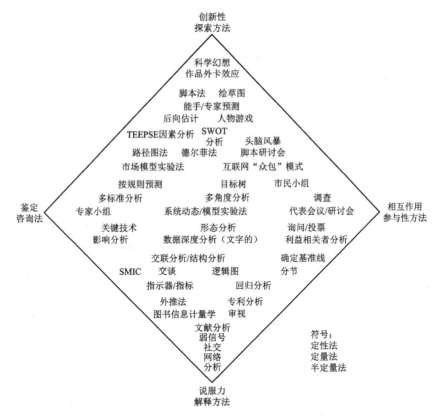

图 2.6　前瞻性菱形（Foresight Diamond）[55,56]

创造性指所用方法要求原始思维和创造性思维，例如科学幻想作品、脚本法、头脑风暴或短论。这些方法的有效性与"非理性"因素有很大关系。我们指的是阿尔伯特·爱因斯坦的话："我相信直觉和灵感'……'想象力比知识更重要，知识有边界，想象力中却有整个世界。"[64]

鉴定——一组基于不同领域专家经验和知识的方法。这些方法经常用于辅助判断（提供咨询和提出建议）。此类方法的典型例子是专家小组法和德尔菲法。一系列其他方法，尤其是路线图法、关联树法、形态分析、关键技术和脚本法，实际上也是以专家经验为基础的。著名的英国作家、科学家、未来学家和发明家克拉克就专家鉴定可信度给出了有趣的说明："如果上了年纪的杰出科学家说，某事是可能的，那几乎可以肯定他是正确的，但如果他说，某事是不可能的，那他有可能犯错。"[65]

前瞻性不能没有以相互作用为基础的方法，尤其是对于社会方向的前瞻性。首先，在前瞻性中，正如在"推测"法中，同一问题从各个方面多角度思考具有关键意义，同时还能增加自身的准确性。其次，不止考虑通过定量方法获得的不容反驳的结果或专家们的主观意见，还广泛听取外行观众意见的方式方法是重要的。在这种情况下，使用研讨会、投票和调查等方法。

基于说服力的方法用于在形式逻辑论证和分析方法的基础上，说明和/或预测不同现象的发展。它们尤其利于客观了解待研究问题的实际状况和发展状况。这里包括定量法，例如图书信息计量学、专利分析、各种统计法。这些方法还可用作相互作用过程和专家分析的原始数据。此类方法的缺点可参照马克·吐温（1924年）曾对本杰明·迪斯雷利说过的一句话："谎言有三种：谎言、可恶的谎言和统计学。"[66]实际上，统计学有时会误导公众。

在各具体的前瞻性项目中使用的方法组合与项目目标有关。如果所用方法趋向于"前瞻性菱形"的各顶点，则认为所用方法是正确的。在这种情况下，将反映出前瞻性的所有观点——创造性、相互作用、鉴定和可信度。

选择方法组合时必须留意这些观点——各单独方法前瞻性整体背景

下所做贡献，统一研究框架下各单独方法可能的组合方式。

对于前瞻性项目，不存在统一的"正确的"方法组合。来自曼彻斯特大学创新研究所（Manchester Institute of Innovation Research, MIoIR）的著名研究员R·波佩尔分析了15个国家（奥地利、比利时、捷克共和国、丹麦、爱沙尼亚、芬兰、法国、德国、意大利、荷兰、西班牙、瑞典、土耳其、英国和美国）的130个前瞻性项目，发现通常使用5~6种方法构成的组合。像土耳其和英国这些国家，在一个前瞻性项目中使用的方法数量会更多，其他国家（如丹麦和美国），通常在每项研究中用到的方法数量更少[67]。

在依次使用六种方法的前瞻性项目中举例研究该问题。

从"前瞻性菱形"中选出六种方法，其中四种方法靠近菱形顶点，两种方法位于菱形中间（图2.7）。

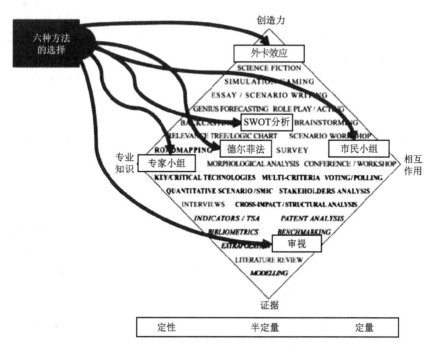

图2.7 从"前瞻性菱形"中选择六种方法[68,71]

确定这些方法的使用顺序（图2.8）。

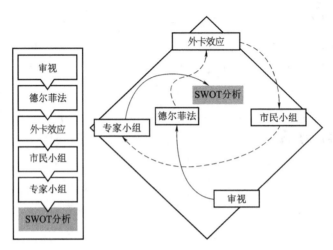

图2.8　使用方法顺序举例[69]

——审视：对待研究问题进行综合分析；

——德尔菲法：评估前期审视过程中发生问题的可能性，以及预测问题可能性后果的大规模分析工作；

——外卡效应：研讨会，旨在发现未来很有可能影响预期形势发生的因素；

——市民小组：代表会议，旨在发现最重要问题的不同利益相关方；

——专家小组：专家鉴定研究问题的未来发展；

——SWOT分析：汇总前几个阶段的研究成果。

大多数前瞻性项目中使用4～6种方法，但也有的项目使用2～3种，有的使用7～9种。

在前瞻性项目中，不同方法组合使用频率细分见表2.1[70]。

分析了775个前瞻性项目中使用的26种方法（26——英文字母个数，便于结算表中的视觉变现）。在待研究的775个前瞻性项目中，这些方法总共被使用2 584次，平均每个项目使用3～4种方法，或这些方法共有13 088种组合。

表 2.1

		A	B	C	D	E	F	G	H	I	J	K	L	M	N	O	P	Q	R	S	T	U	V	W	X	Y	Z
A	回顾性分析	11%	37%	5%	26%	7%	47%	23%	5%	23%	47%	21%	9%	14%	2%	47%	12%	5%	12%	7%	2%	16%	5%	9%	0	19%	28%
B	头脑风暴	12%		7%	26%	9%	69%	43%	1%	26%	70%	14%	3%	19%	1%	45%	31%	6%	30%	31%	2%	13%	8%	7%	1%	9%	18%
C	市民小组	18%	59%		41%	18%	76%	71%	0	47%	47%	6%	6%	35%	6%	59%	41%	6%	18%	0	3%	24%	24%	0	0	15%	18%
D	审视	5%	60%	12%		13%	62%	40%	3%	25%	80%	13%	3%	28%	2%	47%	33%	10%	23%	25%	3%	27%	13%	10%	5%	15%	35%
E	辩论法	6%	19%	5%	13%		32%	29%	2%	17%	49%	32%	5%	14%	2%	33%	14%	5%	5%	10%	3%	8%	6%	5%	2%	6%	22%
F	专家小组	5%	27%	4%	10%	6%		34%	1%	20%	65%	16%	1%	17%	0	34%	15%	2%	17%	22%	1%	7%	3%	16%	1%	5%	15%
G	未来模型试验研讨会	5%	32%	6%	13%	9%	64%		2%	13%	61%	21%	2%	13%	1%	41%	14%	2%	13%	23%	1%	7%	3%	18%	0	5%	14%
H	人物游戏			0	0	0	75%	50%		50%		0	0	0	100	100		100%						0		50%	0
I	交谈	9%	32%	7%	13%	10%	63%	21%	0		65%	15%	3%	42%	1%	35%	17%	4%	8%	9%	4%	9%	5%	7%	2%	6%	19%
J	文献分析	5%	24%	2%	12%	7%	57%	28%	0	18%		16%	1%	15%	1%	41%	14%	2%	15%	20%	2%	5%	2%	12%	1%	8%	21%
K	大趋势分析	8%	16%	1%	7%	17%	50%	33%	1%	14%	55%		2%	24%	1%	49%	9%	3%	13%	21%	3%	4%	2%	6%	1%	16%	24%
L	形态分析	0	40%	0	0	0	0	0	0	0	0	0		0	0	0	0	0	0	0	0	20%	40%	0	0	0	0
M	调查表分析	5%	23%	5%	15%	8%	56%	22%	0	42%	57%	25%	2%		1%	38%	20%	7%	19%	8%	3%	6%	8%	4%	1%	7%	20%
N	关联树	0	0	0	0	7%	0	0	0	0	100	0				50%	0	100%	0	0	0	0	0	0	0	0	0
O	脚本法	6%	20%	3%	9%	7%	40%	25%	1%	13%	54%	19%	2%	14%	0		11%	2%	12%	9%	0	5%	3%	5%	0	12%	24%
P	SWOT 分析		52%	8%	24%	11%	66%	33%	0	23%	70%	13%	2%	28%	1%	42%		8%	20%	23%	2%	14%	11%	6%	2%	2%	14%
Q	交叉影响法	15%	62%	8%	46%	23%	62%	23%	0	38%	54%	31%	15%	62%	15%	46%	54%		15%	23%	15%	15%	38%	8%	0	23%	15%
R	德尔菲法	5%	42%	3%	14%	3%	61%	25%	1%	9%	61%	16%	1%	22%	0	38%	17%	2%		28%	2%	4%	0	6%	1%	2%	11%
S	关键技术	3%	39%	0	14%	5%	71%	39%	0	9%	75%	23%	1%	8%	0	25%	17%	3%	25%		3%	2%	0	35%	2%	7%	10%
T	多因素分析	13%	38%	0	25%	25%	38%	25%	0	50%	88%	50%	0	38%	13%	13%	25%	25%	25%	38%		25%	0	13%	13%	38%	38%
U	利益映射	24%	62%	14%	55%	17%	83%	45%	7%	34%	66%	17%	10%	24%	3%	55%	41%	7%	14%	7%	7%		21%	0	10%	17%	41%
V	结构分析(MICMAC)	15%	85%	31%	62%	31%	77%	46%	0	46%	62%	15%	23%	69%	8%	62%	69%	38%	0	0	0	46%		0	0	8%	15%
W	路线图	6%	14%	0	8%	4%	80%	48%	0	11%	70%	10%	1%	6%	0	23%	7%	1%	8%	55%	1%	0	0		0	7%	11%
X	图书信息计量学	0	40%	0	60%	20%	60%	0	40%	40%	80%	20%	0	20%	0	20%	40%	0	20%	40%	20%	60%	0	0		20%	60%
Y	趋势模型	14%	23%	0	16%	7%	30%	18%	5%	13%	59%	34%	4%	14%	2%	66%	4%	5%	4%	14%	5%	9%	2%	9%	2%		45%
Z	外推法	8%	17%	2%	15%	10%	38%	18%	1%	15%	62%	20%	4%	16%	0	51%	8%	1%	8%	8%	2%	8%	1%	6%	0	17%	
	13 088 种组合	229	898	132	454	288	1 652	961	32	588	1 860	573	62	581	25	1 289	518	110	504	588	62	237	128	338	38	289	652
	2 584 项调查	43	140	17	60	63	361	190	4	113	414	119	5	113	2	309	83	13	100	110	8	29	13	71	5	56	143
3类								定性													半定量						定量

最常与其他方法一起使用的是专家小组、文献分析和脚本法（F，J，O列）。

表格横行为方法组合的频率细分，其中横行所列方法为主要研究方法，纵列中的方法为其补充。

再来仔细分析，除专家小组、文献分析和脚本法外，哪种方法最常与其他方法组合。

回顾性分析法最常与头脑风暴（37%）、外推法（28%）和审视（26%）组合。

头脑风暴——与未来模型试验研讨会（43%）、SWOT分析（31%）、关键技术（31%）、德尔菲法（30%）、审视（26%）和交谈（26%）组合。

市民小组——与未来模型试验研讨会（71%）、头脑风暴（59%）、交谈（47%）、审视（41%）、SWOT分析（41%）和调查表分析（35%）组合。

审视——与头脑风暴（60%）、未来模型试验研讨会（40%）、外推法（35%）、SWOT分析（33%）、调查表分析（28%）、利益映射（27%）、交谈（25%）和关键技术（25%）组合。

短论法——与大趋势分析（32%）和未来模型试验研讨会（29%）组合。

专家小组——与未来模型试验研讨会（34%）和头脑风暴（27%）组合。

未来模型试验研讨会——与头脑风暴（32%）组合。

在4种情况下采用人物游戏——分别与未来模型试验研讨会、趋势模型组合。

交谈——与调查表分析（42%）和头脑风暴（32%）组合。

文献分析——与未来模型试验研讨会（28%）组合。

大趋势分析——与未来模型试验研讨会（33%）组合。

5种情况中使用了形态分析——分别与头脑风暴、利益映射和结构分析组合。

调查表分析通常与交谈（42%）、大趋势分析（25%）组合。

两种情况都使用了关联树，均与交叉分析组合。

脚本法一般与未来模型试验研讨会（25%）组合。

SWOT分析——与头脑风暴（52%）、未来模型试验研讨会（33%）和调查表分析（28%）组合。

交叉分析——与头脑风暴（62%）和调查表分析（62%）组合。

德尔菲法——与头脑风暴（42%）、关键技术（28%）和未来模型试验研讨会（25%）组合。

关键技术——与头脑风暴（39%）、未来模型试验研讨会（39%）、工艺路线图（35%）和德尔菲法（25%）组合。

多因素分析——与交谈和大趋势分析组合。

利益映射——与头脑风暴（62%）、审视（55%）、未来模型试验研讨会（45%）、SWOT分析（41%）和外推法（41%）组合。

结构分析——与头脑风暴（85%）、调查表分析（69%）、SWOT分析（69%）、审视（62%）和利益映射（46%）组合。

工艺路线图——与关键技术（55%）和未来模型试验研讨会（48%）组合。

图书信息计量学——与审视、技术路线图和外推法组合。

趋势模型——与外推法（45%）和大趋势分析（34%）组合。

外推法——与专家小组、文献分析和脚本法组合。

前瞻性中各方法使用频率的国家细分也值得单独研究。

曼彻斯特创新研究所迈克尔·基南博士研究了全世界约800个前瞻性项目，得出下列数据，体现实施前瞻性项目时所用不同方法的分配频谱的特点[70]。国家被划分成下列各组（见图2.9）：

——Eu27+（除欧盟的27个国家外，还包括挪威、瑞士和冰岛）；

——欧洲（两个或两个以上欧盟国家）；

——北美洲（加拿大+美国）；

——拉丁美洲；

——亚洲（西部、中部、西南和东南）；

——非洲；

——大洋洲（澳大利亚和新西兰）。

最常用的方法有文献分析（437）、专家小组（397）、脚本法（324），这些方法通常用作大多数研究的基础方法。

另一类方法包括未来模型试验研讨会（195）、头脑风暴（157）、外推法（133）、交谈（127）、调查表分析（121）、德尔菲法（120）、关键技术（120）、大趋势分析（110）、SWOT分析（107）。

还有一些方法使用频率更低，如技术路线图（76）、审视（69）、模型和模拟（52）、短论法（50），以及回顾性分析（42）。

北美洲地区超过半数情况使用了技术路线图。

下一组包括：利益映射（30）、公民小组（28）、结构分析（13）、交叉分析（12）、多文化分析（11）、图书信息计量学（7）、人物游戏（4）、形态分析。

在"欧洲前瞻性平台"项目的框架下工作时，R·波佩尔分析了主要前瞻性方法在世界不同地区的普及程度（图2.9）。得到的结果整体与图2.9所示结果相互关联。专家小组、文献分析、脚本法应用最广泛。在国际项目中，最常用的是外推法，在北美洲最常用到的是工艺路线图和未来模型试验研讨会。

2.5 外国的前瞻性

上文已指出，1993年，将"前瞻性"概念引入科学界10年后，开始实施英国技术预见计划（UK Technology Foresight Programme）。从此，前瞻性研究在欧洲快速发展，最后在全世界蔓延开来。其中，很多国家将英国的前瞻性实施方案作为基础：共分多少个阶段，每个阶段的持续时间；前瞻性研究根据国家机构的利益及倡议进行，同时有专门研究机构参与。

除欧盟外，美国、日本、澳洲、拉丁美洲、中国和韩国过去和现在均实施了前瞻性项目。欧盟各国进行了国家级前瞻性项目（英国、德国、匈牙利、法国、西班牙、瑞典、意大利和葡萄牙）。

欧盟每年监督前瞻性研究的实施。第一个此类项目EUROFORE

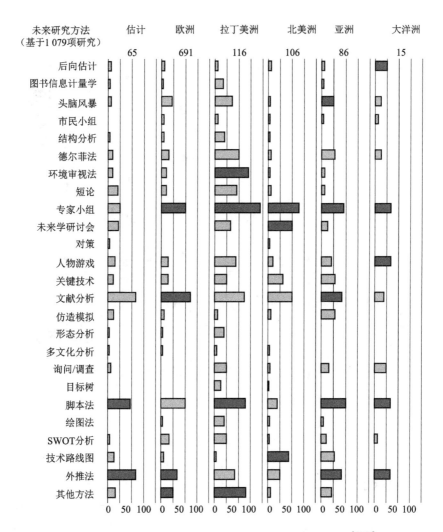

图2.9 世界各地区未来研究方法使用频率的划分（%）[55,56]

Pilot Project，2002—2003年实施，通过欧洲前瞻性研究检测网络（European Foresight Monitoring Network，EFMN）实施后续监测阶段。如今，在欧洲前瞻性平台上（European Foresight Platform，EFP）（图2.10）实现前瞻性研究的监督。

现今，所有国际前瞻性项目均发挥着越来越大的作用，在其发展过程中，2003年在希腊城市亚宁（Ioannina）举办的"扩大科学创新空间的前瞻性"代表会议发挥了巨大作用。会议通过了欧洲前瞻性集团宣言，会议规定了一系列优先任务：

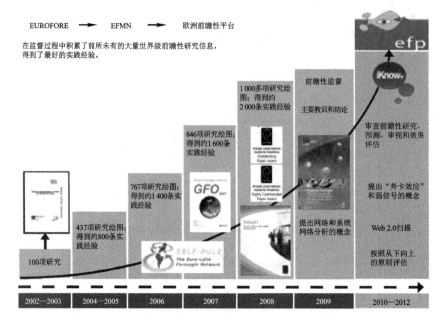

图2.10　未来研究监督发展动态[55,56]，绘图法指在EFP框架下统计出的项目数据

——加强前瞻性集团与科学技术指导之间的相互作用；
——建立前瞻性研究经验传授和技术转让体系；
——建立国家、地区、欧洲前瞻性项目的监督和评价体系；
——使用欧盟第六框架计划规定的方法，提高前瞻性集团、欧盟指导和社会间相互作用的有效性[72]。

欧盟科技框架计划在很多方面都是以前瞻性方法为基础的。

在上文提到的R·波佩尔[55,56]研究中，给出了前瞻性项目国际合作的有趣数据。从图2.11中可以看出，很多前瞻性项目都有复杂、综合的特征。线宽应对应各国合作的前瞻性项目的数量。五个欧洲国家（芬兰、法国、德国、荷兰和英国）在国际合作和区域内合作中发挥了积极作用。不过，亚洲（尤其是中国和日本）和拉丁美洲（尤其是哥伦比亚、智利和巴西）国家同样积极地参与国际合作。

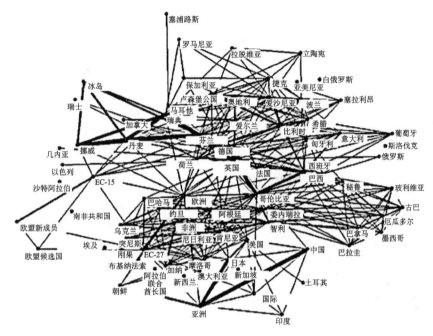

图 2.11　各国未来研究领域的合作监督（以从 1 000 个项目中取样为基础）[55,56]

欧洲前瞻性监测网络（European Foresight Monitoring Network，EFMN）项目的框架下，在早前进行的其他研究中，分析了 2004—2007 年不同国家进行的 800 多个前瞻性项目。这些项目既可按国别分类，也可按地区分类。

将所得结果进行综合分配，见图 2.11。

正如我们所看到的，审视前瞻性项目最活跃的是欧盟成员国（EU27+，除传统的欧盟成员国外，还包括冰岛、挪威和瑞士），它们在进行的项目中占比最大。EU15 和 EU27 成员国在合作项目中同样比较积极。

北美洲最活跃的国家是美国，其中，其特点是有大量国防主题的研究。

拉丁美洲、亚洲和非洲国家整体较少参与前瞻性项目。即便如此，依旧遵守着固定趋势——"前瞻性活跃性"取决于经济发展水平。从这种意义上说，巴西具有这种特点。

2.6 俄罗斯的技术前瞻性

苏联时期，从20世纪中期就开始使用国防领域的技术预测要素。1972年，在苏联科学院主席团和苏联国家科学技术委员会的领导下，开始着手制订具有重要国防意义的科技进步综合计划。制订该计划时，使用了当时最先进的预测方法。当时已经不仅尝试预测未来，而且还尝试探索促进未来繁荣进步的途径。

技术前瞻性成了当时形成的科学和方法论储备的自然延续。

技术前瞻性区别于其他未来预测方法的最重要特点是其定向性，即通过发现和实行最优脚本积极构建预期未来。由于未来从现在被顺序激活的动作中表现出来，所以可以构建更有利的发展轨迹。而且，通过改变所选轨迹的参数，可以在不同的时刻激活不同的脚本，还可以实现现在客观需求与实施战略间的纠正反馈。

在现代俄罗斯，从20世纪初开始，技术前瞻性得到更广泛的应用。例如，2010年前俄罗斯联邦社会经济发展战略，该战略由"战略制定中心"基金会于2000年为新政府制定。

2006年俄罗斯实施"长期技术预测计划'俄罗斯IT前瞻性'"，旨在确定全国信息通信技术发展的优先级和前景。进行该项研究时，动用了俄罗斯科学界、商界和权力机构的杰出代表，以及一些海外专家[74]。

技术前瞻性在联邦专项计划——《2007—2012年科学技术综合体优先发展方向研究和分析》[28]中得到了实际应用，该计划对俄罗斯军事工业综合体的发展至关重要。其主要目标是发展俄罗斯联邦科技潜力，实现全国科学、技术和工艺的优先发展方向。实现该目标的前提是必须解决下列主要任务：

——保证根据俄罗斯联邦关键技术清单，按俄罗斯联邦科学、技术、经济优先发展方向，加快发展科技潜力；

——按俄罗斯联邦科学、技术和工艺优先发展方向，实施技术商业化的重大项目；

——在扩展公私合作伙伴机制的应用（其中包括民营企业积极创新公司的科研和开发工作订单）的基础上，将资源整合、集中应用到有前景的科技方向。

通过施行两个阶段的措施（2007—2009年和2010—2012年），解决了主要任务，实现了规定目标。

联邦专项计划第1阶段的主要目标是提供向经济创新发展道路过渡的条件，为此，应解决下列问题：

——按俄罗斯联邦科学、技术和工艺的优先发展方向，同时考虑到该领域的世界趋势，开展科研、试验设计、工艺试验等工作；

——保证最重要的应用研究与开发的发展；

——调整科技综合体，使其适应市场经济，保证国家和私人资金的相互作用，以发展俄罗斯联邦的科学、技术和工艺；

——预测科技领域的发展。

通过协调实施一整套措施（从时间、资源、执行者和结果方面相互协调），解决了联邦专项计划的各项任务，达成了目标。

联邦专项计划的结构功能要素如下：

——"知识的产生"；

——"技术研究"；

——"技术商业化"；

——"研究开发的体制框架"；

——"创新体系的基础设施"。

针对第一部分制定了措施1.1"科技领域发展的中长期探索与规范型预测"。在该措施框架下，应实现：

——制定并完善科技领域发展中长期预测的方法论，同时兼顾分析俄罗斯和世界发展水平、对高科技知识和技术的需求、国家战略任务和利益、俄罗斯联邦社会经济发展的中期优先级；

——借助发达的方法工具，形成并调整科技领域发展的中长期预测；

—评估正在进行的面向问题的探索性研究的水平及成果是否与科技领域发展预测相符。

完成措施1.1的指标为：

—制定科技领域发展中长期预测的方法论；

—对科技领域的发展做出预测；

—编制面向问题研究的专家结论，并附其水平和成果是否符合科技领域发展预测的评估。

为实现上述措施，规定开展科研工作竞争，以满足如下方向的国家需要：

—在制定科技前瞻性的框架下，制定国家中长期社会经济发展的宏观预测；

—在构建科技前瞻性的框架下，分析俄罗斯经济关键行业技术发展的前景；

—在构建技术前瞻性的框架下，制定并实际测试俄罗斯中长期科技发展脚本和战略的构成方法；

—在构建科技前瞻性的框架下，在相似研究和专家咨询的基础上，使用德尔菲法制定并实际测试长期科技预测方法；

—将长期科技预测建成国家管理体系内系统实施的程序；

—评估研究和开发领域的竞争力，为俄罗斯联邦2025年前科技发展提供建议，同时考虑到世界经济的发展趋势；

—制订全套的俄罗斯联邦科技发展和经济技术现代化计划。

因此，特别是根据第2项"在构建科技前瞻性的框架下，分析俄罗斯经济关键行业技术发展的前景"，工作成果是一系列在构建科技前瞻性的框架下，俄罗斯经济关键行业技术前景的分析报告，包括新兴有前途市场的世界趋势分析结果，全球科技发展方向，评估各行业对技术、国家保证加快技术现代化政策措施的决定和建议的现在和未来需求，及其与世界经济的集成，提高竞争力，以做好在未来世界市场的定位。

针对其他方向提出与前瞻性使用原则类似的要求。

* * *

前景预测在俄罗斯核工业中占据非常重要的位置。

为发展核电行业，创新基础设施和先进技术转让，于 2006 年建立了"核创新"中心，指定"地平线"项目。该项目规定进行 2025 年前核工业科技发展预测研究（前瞻性），其目的在于，制定 2025 年前优先发展方向、关键技术和创新产品清单，以制定并实施行业科技、创新政策。使用德尔菲法作为预测研究方法，规定两个专家调查阶段。邀请科学家，国家、商业、社会和媒体代表作为专家参与其中。

制定前瞻性实施的三步模型：

—分析现有科学研究和科学技术；

—建立能源发展的框架愿景；

—2025 年前"地平线"项目中核电的地位。

前瞻性项目的预期结果：

—最重要的俄罗斯联邦原子能机构新建民用技术和工程清单及其说明；

—行业创新发展脚本；

—国外和国家科技发展预测研究的分析概述。

技术前瞻性被频繁应用于俄罗斯联邦工业与能源部。

因此，2007 年 7 月俄罗斯联邦工业能源部发布第 281 号令《组织开展俄罗斯工业能源发展科技预测工作（工业能源前瞻性）》[75]。该命令的颁布是为了执行俄罗斯联邦政府 2006 年 12 月 8 日命令[76]和俄罗斯联邦政府 2007 年 3 月 24 日下达的任务[77]——高科技工业生产的现代化和发展、制定 2020 年前俄罗斯联邦社会经济发展长期预测和 2025 年前俄罗斯联邦科技发展长期预测。

工业能源前瞻性是工业能源部工业和能源发展预测工作的延续。该项目的主要目的在于与企业、地区一起构建俄罗斯工业关键领域合理且一致的未来画面。

为按照俄罗斯联邦工业能源部 2007 年 7 月 24 日令开展工作，成立工业能源前瞻性协调委员会。委员会成员包括俄罗斯工业能源公司战略管理部门代表、俄罗斯工业能源部协调国家立场的结构部门代表、从事工业能源发展的商业和科学组织代表。

协调委员会的主要职能：

——既在工业或能源一个领域的框架下，也适用于几个相互关联的领域，保证进行谈话和专业研究，以协调行业和公司的发展战略；

——保证在区域层面上协调行业和公司的工业能源发展战略；

——就要求的制定提出建议，评估已制定的经济发展长期预测和脚本的成果，研究相关风险及将风险降到最小的可能性；

——就科学研究和试验设计领域工业能源部与公司合作的主要方向和最重要的创新项目提出建议；

——就俄罗斯经济能源效率的提高、创新潜能的开发等系统的社会经济问题提出建议；

——就调查对外经济长期前景、分析投资风险和支持推进俄罗斯在全球经济中的地位提出建议；

——就发展工业能源部、俄罗斯公司与国际组织同盟间的合作提出建议[75]。

工业能源前瞻性协调委员会组织结构如图2.12所示。

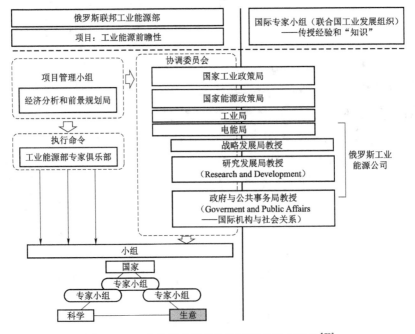

图2.12　工业能源前瞻性协调委员会组织结构[78]

在前瞻性框架下，组织了设计分析会议"2050 年的俄罗斯"（图 2.13）。

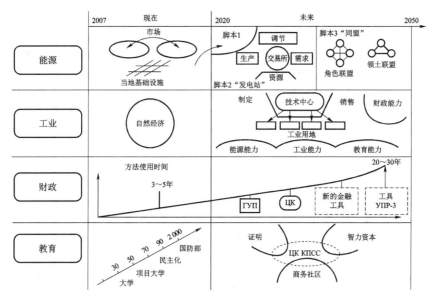

图 2.13　"2050 年的俄罗斯"设计分析会议[78]

经济创新发展对保证国家国防安全、发展国防工业综合体具有重要意义。尤其在 2010 年前俄罗斯联邦创新体系发展领域的主要政策方向（俄罗斯联邦政府 2005 年 8 月 5 日批准[79]）中讲到了这一点。

在前瞻性方法论的基础上制定长期科技预测是创新经济建设、保证科技发展和技术现代化的方法之一。更详细地说，该主题适用于 2015 年前俄罗斯联邦科技发展和经济技术现代化综合方案[80]，该方案根据俄罗斯联邦总统 2006 年 7 月 13 日[81]和俄罗斯联邦政府 2006 年 7 月 28 日[82]下达的任务制定。综合计划的主要任务之一是建立综合评价体系、建立长期预测体系、制定优先级、规划科技发展，包括根据前瞻性方法论制定长期科技预测。

制订计划时参考了下列文件的条款：

——2010 年前及未来俄罗斯联邦科技发展领域的政策基础[83]；

——2010 年前俄罗斯联邦创新体系发展领域主要政策方向[79]；

—俄罗斯联邦科学、技术和工艺的优先发展方向，俄罗斯联邦关键技术清单（2006年）[84]；

—2015年前俄罗斯联邦科学创新发展战略[15]。

按照综合方案，长期科技预测（前瞻性）的主要目标是：

—制定俄罗斯联邦科技发展及其在国际科技合作体系中定位的最优方案；

—为决策制定者和使用者（部局代表、商业组织代表、科学组织和专家代表）建立交流平台，制定固定的鉴定程序，成立专家团体，评估和协调选择有前途的科技方向。

为实现上述目标，应解决下列主要任务：

—发掘有前景的科技发现，这可能是俄罗斯联邦长期科学创新政策的基础；

—评估所选方向的技术可能性，以提高俄罗斯公司在国际市场和俄罗斯市场的竞争力，形成行业战略；

—评估新技术的社会经济影响，及其在全国长期社会经济发展战略文件中的体现；

—通过合理评估科技领域的趋势、威胁和"机会之窗"，建立国家管理机构和市场主要参与者的保障机制，以提高其自身战略决策的理论性。

制定2025年前长期科技预测时，应：

—考虑到全球科技发展趋势；

—与世界经济和国家经济的长期发展趋势相联系；

—考虑到俄罗斯经济商务各单独领域的发展趋势和前景；

—着眼于加快发展国家科技潜力的可能性。

计划可划分为三个板块，在其内容一致的基础上，必须建立长期预测：

—以挑战、所选发展脚本、已打开的"机会之窗"为前提，分析并预测国家和国际经济状态，"机会之窗"用于建立行业（团体）和科技发展框架；

—以挑战、已打开的科技领域"机会之窗"为前提，分析并预测国家经济最重要行业的状态和俄罗斯商务关键主体的发展战略；

——分析并预测有前景的科学方向和技术，即为新产品、市场、不同经济成分和基础公司提供新的增长点。

按照计划制订者的设想，整个预测的主要内容核心是科技板块，另外两个板块（"宏观经济板块"和"行业板块"）为社会经济发展和单独行业（几个行业）必要技术决策提供条件和框架。

在单独（第四）板块下，取得成果互相协调配合，考虑到所选脚本社会影响的预测，在该板块中应形成长期预测最终成果。

第一板块：国家和国际经济分析。该板块任务：选择一组定性、定量的社会经济发展脚本，这些脚本将提供实施科技政策的框架条件，确定其实施目的和任务（例如，对出现的风险做出的反应和实现未来"机会之窗"的方式）。此时，应考虑到俄罗斯经济的对外开放性和全球化（首要的是科技全球化）的主要趋势，分析世界经济整体趋势和最大市场的趋势。一些风险（例如，失去竞争地位）和"机会之窗"的特征要求使用"行业语言"描述预测的结构参数。此外，在该框架范围内，评估实施有前途的科技政策方向带来的社会经济影响。

就科学技术预测而言，第一方向工作成果是：

——确定为构建科技预测提供条件的框架（主要趋势、结构比例）；

——在所选方法范围内，计算科技发展不同脚本的宏观经济指标。

进行宏观经济分析时，应考虑更有意义的因素（如技术因素）——俄罗斯经济整体竞争力和各单独行业竞争力：

——在国际市场和国内市场中定位国家经济；

——俄罗斯经济与世界经济的联结程度（国内和国际联系合作网）。

根据计划中使用的方法，宏观经济预测的成果应成为后续各行业市场分析（第二板块）的出发点，尤其是科技预测（第三板块），同时应保证其形成条件的明确性。

同时在宏观经济预测的框架下，在第一板块中通过长期发展可参考脚本，保证科技预测主要材料整体和俄罗斯联邦长期发展观间的相互联系。按照计划制订者的设想，这应能促使预测向控制要素转变，即将获得成果应用于支持科技发展的决策。

第二板块：分析最主要经济成分发展的技术部分和商业技术战略。该板块的分析和预测对象是：最重要经济成分的技术发展趋势和相应挑战，行业战略，大型企业的技术战略，以及中小型创新企业有意义主体的发展前景。

在第二板块范围内，进行：

—分析并预测国家经济面临的行业本地化挑战；

—分析并预测主导型经济成分的主要技术发展方向；

—分析市场关键主体的技术战略；

—评估未来长时间内高科技产品和服务市场；

—评估俄罗斯公司采用新技术和在新市场定位的准备程度和可能性；

—评估俄罗斯科学应用研究发展前景。

第二板块的工作成果为：

—评估俄罗斯经济主导成分的发展前景，该评估与长期宏观经济预测（第一板块）相互协调；

—俄罗斯不同经济部门（不同经济成分）技术发展预测，包括技术进出口预测；

—实现俄罗斯经济成分竞争潜力必需技术（代表俄罗斯公司利益）清单；

—确定不同行业的技术优先级，评估拒绝使用现有技术的风险。

第三板块：长期科技预测。在该板块范围内，在分析宏观经济框架和技术挑战（第一和第二板块）的基础上，应制定可能的科学技术决策——相应预测挑战和问题。该板块内分析和预测的对象为：

—世界科学技术的全球趋势；

—和其他领先国家相比，俄罗斯科技潜力发展状况和前景；

—在使用新技术的基础上提高国内生产商竞争力的重要方向；

—能在未来给俄罗斯在国际市场和国内市场的结构和规模带来实质性改变的突破性技术和创新。

为在该板块中使用前瞻性方法，拟：

—制定方法，并保证通过不同等级的专家小组进行调查；确定国家代表、商业协会代表、科学和教育代表、国际专家代表的参与模式；保证所有参与者的利益相协调；
——在分析研究、统计分析和计量分析的基础上，分析世界科学的"增长点"，将俄罗斯的科技创新潜力的发展状况和动态与世界领先强国（其中包括在单独科学领域的强国）对比；
——选出最重要的技术方案（突破性技术），这些技术方案最有可能确定科学技术领域的未来发展动态。

第三框架范围内获得的主要成果应为：
——论证俄罗斯在未来20年内可能取得的最重要的科技成果；
——发现突破性成果，并评估其在解决重要社会经济问题的过程中可能发挥的作用，以及在保证国家安全方面的作用；
——确定有前途的市场利基，俄罗斯联邦可在具有竞争优势的基础上占据稳固地位；
——评估俄罗斯科学组织在具体科技领域的竞争力水平；
——评估国家和私人经济成分对单独的科技方向和科技潜力整体的支持规模；
——评估潜在的经济效益、社会效益、生态效益等，以及与新技术发展相关的风险；
——国家科技和创新政策措施建议，该措施可促进实际科技方向的发展；
——修订后的科技优先发展方向清单，与实际存在的国内业务问题相关的关键技术清单。

第四板块：形成最终预测结果，各研究方向之间和研究方向与外部文件间的相互协调。该方向促进长期科技预测在2025年前的可行性（根据国内和国际经济发展的实际情况和趋势）。在该阶段，记录前面几个板块成果中的矛盾之处和"弱点"（包括体制障碍）。

第四板块主要工作成果为俄罗斯联邦长期科技发展的可供选择脚本。脚本通过下列形式形成：
——调整前三板块的预测，同时考虑到制度约束和社会后果；
——依次确定各行业长期战略和宏观经济发展指标；

—专家鉴定国家机构发展的可能性方案。

在每个脚本中，均应体现有前途的技术对潜在市场（尤其是创新产品出口）的影响；应考虑行业长期战略、表现俄罗斯社会经济发展特点的宏观经济指标（考虑到新的技术战略）。

制定脚本是编制总结文件的基础，其中，脚本的制定包括：

—2025 年前俄罗斯联邦长期科技发展预测；

—综合评估（其中包括宏观经济评估）实现有前途的高科技方向的效益；

—评估俄罗斯商业创新产品的潜在市场；

—就国家科技创新政策给出建议。

最终工作总结如下：

—既可直接由技术过程主体（商业代表和科学团体代表），也可由联邦执行机构划分科技发展的长期前景；

—将科技长期发展预测与新兴俄罗斯经济战略管理体系的其他要素相结合（首先与长期发展战略结合）；

—确定科技领域国家政策的优先级（包括更新后的科学、技术和工艺优先发展方向，俄罗斯联邦关键技术清单）；

—评估科技优先方向的发展带来的宏观经济效益和结构效益（产业效益）；

—建立交流平台和组织环境（给予前瞻性技术），以便国家代表、商业代表、科学团体代表的相互作用。

2.7 国防工业的技术前瞻性和发展预测

除上文分析的 2015 年前俄罗斯联邦科技发展综合计划外，为执行俄罗斯联邦政府命令（2006 年 7 月 28 日由俄罗斯联邦教育科学部颁布），制定 2025 年前俄罗斯联邦科技发展长期预测方案。

该方案从语义内容和文本（使用前瞻性作为预测方法）上看，很多方面与上文详细分析的综合方案的对应章节类似。通过进行的修改，可以看出方案中更广泛地使用了前瞻性成果。根据前瞻性工作成果编制的一些方法文件应是独立的成果：

——确定科技领域国家政策优先级的方法（包括更新的关键技术清单）；

——对工业领域和部门进行分类，以实现前瞻性计划；

——主要领域（部门）技术发展水平和技术敏感性的指示体系和评估标准；

——不同领域（部门）技术发展问题的分析方法。

需要着重强调的是，在该方案中科技发展长期预测整体可被看作国家管理体系中系统实施的程序。

分三个阶段制定长期预测：第一阶段——2007—2008 年；第二阶段——2009—2010 年；第三阶段——2011—2013 年。

2014 年 1 月，俄罗斯联邦政府总理梅德韦杰夫确认 2030 年前俄罗斯联邦科技发展预测，这标志着方案的结束。

下面详细分析该预测的编制过程。

2006 年 12 月 27 日[85]，科学创新政策跨部门委员会赞许了 2025 年前俄罗斯联邦科技发展预测方案。在第一阶段（2008 年年底）工作成果的基础上编制的文件是"2025 年前俄罗斯联邦科技发展长期预测"项目的基础。该项目于 2008 年 11 月 11 日在协调小组会议上被提出，经改进后，于 2009 年 1 月在高科技与创新政府委员会会议上被批准。

"2025 年前俄罗斯联邦科技发展长期预测"项目结构由五个章节和附件构成。

第一章：俄罗斯科技发展状况评估和存在问题。其中给出了俄罗斯研究和开发领域的发展状况和趋势，分析了国内支持创新的发展机构体系的现有参数和结构，评估了现有俄罗斯经济技术发展水平，列出了主要问题。在本章节的最后部分列出了俄罗斯科技强项和弱项分析结果。

第二章：确定科技发展长期预测的外部条件和框架。

在本章的第一部分，在美国、欧盟和日本区域前瞻性材料的基础上，分析了这些国家评估全球趋势和挑战、科技发展方向、国际商品和服务市场的发展状况和趋势的方法。总结国外各国经验，项目设计者指出，研究俄罗斯长期发展方案和分析国家经济技术现代化趋势和方向时，必须考虑到国外前瞻性结果中表现出来的国际市场发展前景。

本章节的第二部分给出了俄罗斯面对的挑战和趋势。按照预测制定者的观点，以现今俄罗斯在世界的地位，这些趋势和挑战与其他发达国家的专家提出的趋势和挑战不同，但实质上具有相同的特征。

第三章：确定长期预测的内部条件和框架。本章分析了俄罗斯经济面临的主要内部挑战和科技发展的限制，以及俄罗斯经济发展战略文件规定的框架，即技术发展过程中必须达成的目标参数。

第四章：包含未来科技发展方向预测和划分结果。与第二章一样，本章也给出了国外专家和俄罗斯专家，以及专家组织的观点。

本章指出：

——国外预测中技术逻辑未来的形态；

——俄罗斯有很大应用潜力的、有前途的技术愿景；

——评估国内和国外市场，在竞争优势的基础上，俄罗斯可能处于领先地位；

——能在解决重大社会经济问题时发挥巨大作用的突破性技术和有前途的创新；

——有前途的基础研究发展方向。

本章中还分析了俄罗斯经济关键部门技术现代化的前景。作者就各研究部门均给出了其技术发展方案，评估了其创新和技术发展的当前水平、趋势和主要问题。此外，在实施俄罗斯经济面向社会的创新发展脚本的框架下，评估该部门技术发展扮演的角色；预测俄罗斯科学潜力的资源需求，确定了可能的拨款来源。

第五章：确定了完善科技政策的主要方向，该方向可提供实施长期预测的条件。本章制定了实施未来科技政策的基本原则，该原则可保证项目方法和制度方式的配合，还制定了国家科技发展优先原则，建议俄罗斯科技政策使用新方法——技术平台。提出了俄罗斯科技活动调整机构体系的改革措施，分析了区域科技政策的基本制定方法。建议将科学预测集合成国家预测和前瞻性制度化体系，如科技发展长期预测制定部门。最后根据四个阶段科技前瞻性研究成果给出了结论，并就获得结果的进一步应用问题给出了建议。

在专门的前瞻性章节中分析国防工业问题，由于具有很大的现实意义，理应更详细地分析该章节。

分析国防工业综合体在解决国家各项任务时所发挥的作用时，预测研究者发现，加快国防工业综合体的技术发展是解决俄罗斯在国防安全领域面临的长期问题的必要条件。

2025年前国防工业综合体技术发展的最终目标是：在规定时间内为武装部队和权力机构提供规定数量的不同样式、型号和种类的武器与专用军事技术装备，保持俄罗斯在军事技术合作领域的国际领先地位。

同时，预测研究者还指出，必须考虑到国防工业综合体俄罗斯经济中知识最密集的高科技部门，与武器与专用军事技术装备的研发和生产一样，还需完成建立并扩大有竞争力的、知识密集型高科技民用产品生产的任务。相应地，解决这个任务也是该经济部门技术发展的最终目的。

发展国防工业综合体，使其具有多专业、高科技、多样化、经济稳定、在国内和国际军事产品和民用产品（俄罗斯经济工业部门）市场上有竞争力的特点，提供了科技发展关键方向的先决条件，但不允许同时选择科技优先级。

在国防安全领域，国防工业综合体的目标用途和生产部门一样——保证为武装力量、其他军队、俄罗斯军事单位和机构提供规定数量的现代化武器与专用军事技术装备。

国防工业综合体在民用领域的任务的确定依据：一方面是社会经济和技术发展领域未来十年的战略挑战，其中包括日益加剧的全球商品、资本、技术、劳动力市场的竞争，这对竞争力、创新能力和投资能力都提出了新的要求；依靠专业人员的素质，在日益激烈的国际竞争中维持地位，这就要求提高劳动率、现代化程度，加快决定人力资本质量行业的发展，以及使中产阶级成为主导力量。另一方面，从俄罗斯的切身利益出发确定国防工业综合体的任务，其中包括：成立科技综合体的必要性，其中，该综合体可保证俄罗斯在高科技产品市场范围内在一系列优先发展方向上的全球专业化水平；经济多元化结构，提高加工工业竞争力；更有效地利用原始资源（劳动力、载能体、材料）；提高居民生活质量。

在上述内容的基础上，预测研究者得出结论，选择国防工业综合体优先发展方向时，应注意下列因素：

——在军事和民用领域，保证俄罗斯的切身利益；

——在目前和预计的威胁体系中，保证国防力量；

——考虑俄罗斯的自然气候条件，寻找解决能源问题的途径；

——建立可靠、高速、低成本的运输（根据国家地理特征和领土面积）；

——改进作为现代高科技生产和保证居民生活质量的必要条件的电信工具和通信技术；

——维持居住环境生态、整洁；

——各部门均有科学技术储备、人力潜力和生产人员经验、可实现的产品加工技术水平（通过国际知识密集型产品市场的实际情况确定）。

从预测中的各项评估可以得出，未来十年的后半段，俄罗斯军事产品出口量可能进一步增长。据预测，这段时间俄罗斯出口量每年增加 8 000 000 000 美元。其前提条件是与传统外国合作伙伴的合作总量持平或小幅减少并获得大量相对较新的指标。可预测，给南亚和东南亚的供货总量持平或少量增加，给中东国家、北美和拉丁美洲国家的供货量显著增加。

预期2011年之前各种军事技术装备的供货量如下：军航武器——约50%；海军装备——小于30%；常规军备——小于10%；防空武器、电子和控制系统——约8%；弹药——小于3%。

预测研究者还同时强调，由于国际市场行为的不确定性和长期合同（2010年之后失效）数量较少，所以较难预测更长时间内俄罗斯军事产品的出口情况。发生下列事件后，将更难预测更长时间的出口情况：未来十年初期预期的武器换代，例如战术飞机、装甲车；计划广泛进入新型军事装备市场的，例如基于新的物理原理的前线武器样品、无人机作战系统等。

不但如此，在武器与专用军事技术装备（由于科学研究和试验设计缺乏资金，尤其是基础型和搜索型武器）制造技术方面的差距不断增大，对俄罗斯而言，由于一些发展中国家不断提高国家工业能力，使用与俄罗斯合作时获得的技术，传统武器市场竞争日益激烈，因此，2010

年后俄罗斯军事产品的出口情况将不太可能持续增长——即使俄罗斯国防工业综合体已度过危机。

预计 2011—2016 年，国际市场上俄罗斯武器的供货量将呈减少趋势。在这种情况下，如果国家采取一些应急措施——支持国防工业综合体科学技术和生产潜力财政措施，扩大与西方主要国家的军事技术合作互利和科技合作，预测期限后期军事产品出口量可能不低于现有水平。

据专家预测，2025—2030 年前，应实行一项或两项武器与专用军事技术装备的技术现代化，现代化的成果是产生第 5 代（可能是第 6 代）武器与专用军事技术设备，实现下列现代观念：

—情报，通信，控制，导航时支持综合系统；

—用来打击地面威胁、世界海洋威胁、空中和太空威胁的通用化、信息化、智能化的综合装备；

—小型和微型设备，首先应用于情报、通信和管理领域（机器人，其中包括微型机器人）；

—信息与控制系统、模拟系统、物流系统以及演习和训练系统。

在预测中，下一个技术装备更新周期（实现新概念）是指 2030 年以后（2035—2050 年）。

参与预测研究的专家指出，保持俄罗斯在国际市场上的地位是最重要的战略目标。从各项评估来看，未来 5~10 年内，在航空、航天、国防系统、自动武器领域，俄罗斯国防工业综合体的产品和服务在国际市场上将占据强势地位。从长远来看（2015 年后），如果俄罗斯沿世界主导国的路线发展，尝试克服其他国家处于领先地位领域的技术差距，俄罗斯国防工业综合体必将逐渐从国际技术、产品和服务市场中退出。

如果能推动并实施尚处于初始阶段，且能促进出现新原理武器及其应用方法的科学技术研究，那么俄罗斯就能留在国际市场中。换句话说，为了在未来长期保持自己的地位，俄罗斯需要找到新的技术利基，这并不是指拒绝支持有前途的传统路线（与保证国家国防安全和中短期内世界市场地位相关）。

根据俄罗斯在国际知识密集型产品和服务市场中的地位分析成果，国防工业综合体中有前途的行业可能包括航空制造业、火箭航天工业、军火工业和造船业。

按照预测研究者的观点，成功实施2025年前国防工业综合体技术发展最优方案的主要指标是：

——在规定时间内，按规模和目录无条件地执行2007—2015年国家武器计划和后续的2020年前和2025年前未来计划；
——增加俄罗斯在国际军用航空市场（战斗教练机和无人机）中的份额（小于15%）；
——增加俄罗斯在国际军用运输装备市场中的份额（小于20%~30%）；
——保证俄罗斯在国际军舰和海军装备市场中的份额（20%）；
——保证俄罗斯在国际地面武器市场中的显著地位，包括对空防御和各种用途的无线电电子系统；
——国防工业综合体企业生产的民用知识密集型高科技产品产量显著增加，民用经济部门使用的最新技术数量显著增加。

预测研究者认为，满足这些指标的国防工业综合体技术发展方案为最优方案，最大限度上与国家科技发展优先级和国防安全领域长期任务相符。该技术发展方案的实施需要克服系统性问题，例如：

——国防工业综合体范围和结构，以及企业技术发展水平与面临任务的不一致性；
——大多数领域（对于有前途的武器和专用军事技术装备的研究和生产十分重要）技术发展水平远远落后于国际领先者；
——没有充分发挥国防工业综合体的潜能——生产知识密集型高科技民用产品，以及应用于其他经济部门的技术革新。

根据2025—2030年前实施的方案，预测中科技发展的主导趋势为：
——新材料；
——高超声速技术；
——所有波长范围内的物理场控制技术；
——定向能技术；
——信息技术作用、信息和心理影响、心理效应；
——纳米技术、纳米材料、纳米系统工程；
——信息通信技术、仿真和建模技术、远程教学。

其次，预测中还分析了国家国防工业综合体技术发展有利方案的实施条件。

国防工业综合体的主要发展方向和发展任务（包括技术发展）在下列文件中简要说明：2010年以前以及更长远未来国防工业综合体发展领域俄罗斯联邦的政策基础，2015年以前以及更长远未来俄罗斯科联邦的政策基础、联邦专项计划，2007—2010年和2015年以前俄罗斯联邦国防工业综合体发展预测。相应地，这些问题的解决方案和相应指标计划值的达成，是实现国防工业综合体技术发展有利方案的必要条件。

实现国防工业综合体技术发展有利方案的另一条件是：取得表面上不具有军事方向性的联邦专项计划中规划好的成果，例如联邦专项计划《研究并制定2007—2012年俄罗斯科技综合体优先发展方向》、联邦专项计划《2007—2011年国家技术基础》、国家专项计划《2008—2015年电子元件基础和无线电电子学发展》和联邦专项计划《2002—2010年和2015年以前俄罗斯民航工业发展》。可通过下列情况解释联邦专项计划的重要性：在专项计划框架下得到的科技成果、创建的技术也将用于完成国防工业综合体技术发展任务。

实现国防工业综合体技术发展有利方案的一般条件是：将俄罗斯经济转变为创新发展道路，解决2020年前俄罗斯发展战略中说明的其他任务。其中包括，国家必须对国防工业综合体进行深度重组，保证国家科学教育以及相关行业的高速发展。

按照预测研究者的观点，国防工业综合体技术发展岔路口的出现，首先可能是由于实现战略和上述其他计划文件中各项的期限具有不可能性或该期限被中断。

要想达成国防工业技术发展的最终目的，克服该领域存在的系统问题，就需要完成下列基本任务：

—形成集成结构，在国防工业综合体技术发展方向上建立专业中心，其中包括以区域产业集群为基础的专业中心；
—建立国防工业综合体和相关领域集成结构的高效公司治理体系；
—优化国防工业综合体的产能，其中包括减少产能过剩、同类生产的叠加；

——确定国防工业综合体集成结构科学技术潜力和生产潜力的技术现代化和发展的主要方向，制定相应的长期未来战略，大规模开展战略实施工作；

——国防工业综合体企业的综合现代化、改造和技术革新；

——支持进口生产有竞争力的军用和民用产品所必需的最尖端生产设备；

——保证国防工业综合体企业负荷水平能提供足够的盈利能力；

——采取措施，提高产品质量，降低生产成本；

——保证行业必要投资，即武器与专用军事技术装备有前途的产品和有竞争力的、知识密集型高科技民用产品生产技术现代化和掌握其生产周期的必要投资；

——创造有竞争力的军用和民用产品必需关键技术的开发、进一步发展和掌握；

——保证俄罗斯能得到创造国际市场上有竞争力的军用和民用产品所必需的关键技术；

——施行灵活的国际合作政策，将从国际领先生产者处购买相应成套系统和零件与技术相结合，参与国外厂商的产业链，加入战略联盟，加入与成立国家国防工业的国家合作项目；

——制定消除或减少技术领域（形成武器与军事设备有前途样品的必需技术）俄罗斯对国外生产厂家依赖的基本条件；

——制定主要武器与专用军事技术设备的有前途的计划，开发新的有竞争力的民用商品种类；

——实施一整套武器与专用军事设备和新型民用商品的生产发展措施；

——通过立法保证国防工业综合体的发展；

——重新建立国防工业综合体和相关产业人才培训和再培训体系。

预测研究者给出结论，为了达成国防工业综合体技术发展的最终目标，在军事技术合作领域维持俄罗斯领先者的地位，必须补充完成下列任务：

——有效选择俄罗斯生产的武器与专用军事技术装备定位的市场利基（产品和地域）；

——在所选的、有待开发的武器与专用军事技术装备国际市场利基中，保证相对外国厂商产品的竞争力；

——在所选的市场定位利基中，不晚于 2015—2020 年，在相对开放的国际武器与专用军事技术装备市场中占据领先地位；

——设立并达成在相应的国际武器与专用军事技术装备细分市场中的销售目标；

——实施积极灵活的国防工业综合体军用产品出口推广政策。

通过对预测中给出的国家国防工业综合体发展前景分析的总结，设计得出：国防工业综合体技术发展整体以国家占据主导权为基础。考虑到实际启动条件和趋势，以及现在国防工业综合体和相关部门实施的过程，可评估俄罗斯经济部门技术前景发展最优方案实施的可能性，例如可能性高，但伴随着高风险和不确定性。

未来，科技发展预测工作仍将继续。

2009—2010 年，俄罗斯教育科学部实施了第二阶段的科学技术预测。在该阶段，应尤其注意分析国外和国际经济和科技发展预测的经验。另外，还就俄罗斯联邦长期科技发展预测与国家战略规划体系的整合给出了建议。

第三阶段预测于 2013 年 12 月完成，2014 年 1 月俄罗斯总理梅德韦杰夫批准了俄罗斯教育科学部制定的《2030 年前俄罗斯联邦科技发展预测》。该预测由相关部门和组织根据俄罗斯联邦战略规划文件（需在 2013—2015 年制定并批准）清单第 22 项（俄罗斯联邦总统普京于 2013 年 9 月 1 日批准）和政府 2013 年 9 月 27 日令编制。

从科技、工艺优先发展方向出发，沿下列方向制定预测：信息和通信技术，生命科学（生物技术、医药保健），新材料和纳米技术，环境管理，运输与航天系统，能源效率和节能。

在国际技术发展论坛"第六次科技革命，俄罗斯发展战略方向"上，宏观经济分析和短期预测中心"宏观经济学"方向导师 Д·Р·别洛乌索夫博士就长期预测给出了有趣的分析。图 2.14 给出了所有预测周期成果的摘要。

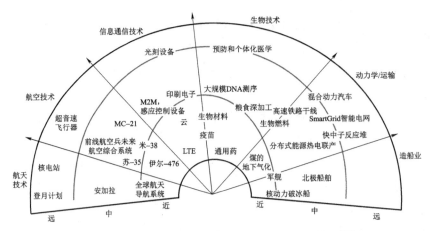

图 2.14　俄罗斯科技发展的所有预测周期成果概述[86]

需要强调的是，2030 年前俄罗斯联邦科技发展预测是俄罗斯联邦战略发展规划体系的基础文件之一。该预测确定了 2030 年前保证实现国家竞争优势的、最有前途的科技发展领域。长期预测为长期战略、专项计划、中期预测和规划文件提供了统一平台。

"高等经济学校"国家研究所制定了 2030 年前重要科技发展方向预测的成果和更新的内容提要（表 2.2）[87]。

表 2.2

俄罗斯长期预测：三个周期的主要成果（2007—2013 年）

方向	第Ⅰ周期 （2007—2008 年）	第Ⅱ周期 （2009—2010 年）	第Ⅲ周期 （2011—2013 年）
国际	发现全球经济、科学技术领域和社会领域的趋势、走向和问题	国外预测研究的基准调查	发现全球性挑战（Grand Challenges）。 建立验证预测成果的国际专家网络，包括国际前瞻性协调委员会（"高等经济学校"国家研究所）

续表

方向	第Ⅰ周期 （2007—2008年）	第Ⅱ周期 （2009—2010年）	第Ⅲ周期 （2011—2013年）
宏观经济	俄罗斯经济面临的主要挑战、俄罗斯经济发展的基础、宏观经济脚本预测	全球经济宏观预测。考虑到经济危机现象的俄罗斯经济宏观预测，包括评估未来长期产业结构的动态变化，评估技术发展对俄罗斯经济产业结构的影响	揭露未来长时间内社会经济发展的主要走向。 建立俄罗斯联邦社会经济发展长期预测，包括对主要社会经济和结构参数的定量评估。 在决定俄罗斯联邦宏观经济发展条件的因素体系中，评估未来长期的竞争优势和资源约束。 制定长期社会经济发展路线图的实验性方案。 制定评估社会经济参数和科技发展、创新领域参数相互联系的方法
科学技术	揭露全球科技发展趋势，评估俄罗斯在世界科学领域的地位。 通过与外国对比，评估技术潜力，揭露科技领域的关键问题。 德尔菲调查法，10个科技领域的900项有前途的技术和产品清单	全球科技发展主要趋势清单和特点。 6个最重要的科技发展方向和24个专题小组（符合俄罗斯经济发展和现代化优先级）的关键技术小组清单。 全球经济发展及其相应市场的有前途利基清单和说明。 最重要的科技领域内，中长期未来最有前途的创新项目清单。 最重要的科技领域内，最有前途的国际研究清单	对于6个最优科技发展方向，确定有前途的技术组清单，识别突破性创新产品。 确定全球和俄罗斯的技术趋势和挑战，以及技术领域的"机会之窗"。 确定建立创新产品和服务市场的外部因素和内部因素。 预测评估创新产品和服务市场。 确定对于俄罗斯而言有前途的创新产品和服务，以及全球市场细分。 制定重点专题领域的创新发展路线图

续表

方向	第Ⅰ周期 (2007—2008年)	第Ⅱ周期 (2009—2010年)	第Ⅲ周期 (2011—2013年)
基础研究	在俄罗斯科学院独立项目的框架下，预测基础研究的发展情况		预测定向基础研究的发展情况，需特别注意实际应用并确定对应的技术中心
行业	分析关键经济成分技术的当前发展水平和发展趋势。分析俄罗斯经济科技发展和技术现代化的主要问题。论证国家科技发展优先级清单	8种关键经济成分（黑色和有色金属冶炼、农业、化学综合体、医学与制药、飞机制造业、民用造船业、信息通信技术行业）的不同预测，包括确定其未来的经济技术面貌	一些俄罗斯经济成分的创新发展路线图
基础	在区域发展战略的框架下，对使用前瞻性方法的建议	建议各地区将研究成果用于调整区域战略	在一流大学的基础上，根据6个科技优先发展方向，建立预测中心网络
资源	预测科学的资源潜力，包括人才	定性分析科学领域人力资源需求	分析对人才能力的需求
政策建议	完善科技进步方向的建议	有关前瞻性与战略文件体系整合的建议	在预测计算体系的基础上发展科技领域形成和实现国家科技进步时，建议进行调度监督

第3章 关键技术

3.1 关键技术法的理论基础

关键技术法通常用于确定未来长期国家国防安全技术发展的优先级。

美国首先提出关键技术理论。其基础是，认识到生产武器和军事装备必需一些材料，而潜在敌人在战争期间会让美国更难获得这些材料。因此，编制了关键材料清单，并采取措施增加其在美国的战略储备。

现代高科技武器和军事装备不仅需要使用特殊材料，还需要大量使用高科技。相应地，类比关键材料出现了关键技术理论，以及其确定、发展和保证美国的相对其他潜在敌人具有保障性军事技术优势的应用。

美国从20世纪80年代开始积极开展工作，确定关键军事技术，当时为此创立了必要的规范基础。俄罗斯关键技术清单编制开始的较晚——20世纪90年代中期。

为了确定可能属于关键技术的技术，必须设立相应的科学方法部门。

关键技术法的基础是询问调查一定数量的专家，同时使用一定数量的研究方法。一般情况下，工作分两个阶段进行：首先编制可能性关键技术的初步清单；然后根据制定的标准及其临界程度，确定该清单。

更详细来看，根据文献［88］，适合国防工业编制关键技术清单的工作规定可通过下列形式表达（图3.1）：

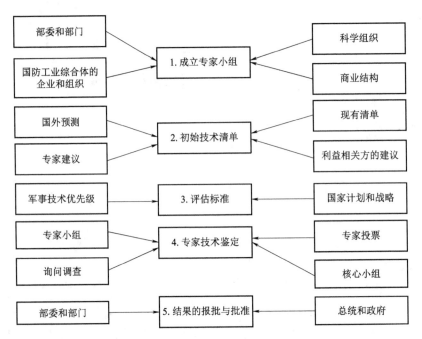

图3.1　编制关键技术清单的工作规定同样适用于国防工业综合体

1) 成立专家专题小组或专家小组。邀请各领域最著名的学者——学术科学、大学研究和行业科学代表作为专家，还可邀请政府机构和商业部门的代表。

2) 编制潜在关键技术的初始技术清单。为此，可使用早期编制和批准的关键技术清单和国内外研究成果。这里应考虑专家小组成员的建议。

3) 技术评估标准体系的选择主要取决于制定关键技术清单的目的。一般情况下，可能是社会经济或政策优先级。显然，国防工业综合体关键技术清单将具有相应的技术方向性。

4) 专家根据所选标准体系评估初始技术清单时，既可以按顺序投票制的正规程序评估，也可考虑非正式的定性评估。

5) 投票和批准的正式行政程序标志着完成关键技术清单的编制

（考虑到评估结果）工作。

更详细地研究国防工业综合体关键技术清单的编制规定。该规定的制定依据是：俄罗斯联邦教育与科学部规定的俄罗斯联邦关键技术清单编制方法[89]，且该规定同样适用于开展国防工业综合体的工作。

1. 成立专家小组

为成立专家小组，邀请代表关键技术主题章节的和从事军用产品开发和生产的主要专家。专家小组的职能包括：提供科学方法支持，分析专家调查结果，编制关键技术总结材料和说明书。

高级专家包括：俄罗斯科学院院士和通信领域成员，国防工业综合体的大型生产企业和组织、科学中心和大学、相关联邦行政机构和俄罗斯科学院专业部门的领导和首席专家。

2. 初始技术清单

编制并确认关键技术清单时应使用下列初始数据：

—现有关键技术清单；

—关于清单确认的建议，这些建议由相关联邦行政机构、国防工业综合体的企业和组织、俄罗斯科学院、商业机构和协会提出；

—专家询问调查的汇总结果；

—国外和国内科学发展预测研究成果。

开始工作时，从相关联邦行政机构、国防工业综合体的企业和组织，以及俄罗斯科学院处收集关于将现有关键技术和新提出的关键技术列入清单的建议和根据。这三组建议具有最高优先级。

还应收集参加了专业专家调查的俄罗斯著名学者和专家的建议。此外，为分析技术实际实施过程中的潜力，还应邀请工业协会和商业代表组织参与讨论和意见征集。

将收集到的信息按统一形式汇总、分类，并交给各专题小组以便进一步使用。

编制关键技术清单时，应考虑到相应知识领域的国内发展水平，以及国防工业综合体的企业和组织使用相应技术的准备程度。为此，应对国防工业综合体的企业和组织进行专项调查。此外，必须对俄罗斯学者的出版积极性和这些出版物的摘引率、俄罗斯与外国学者间的国际科学合作进行文献分析。

通过专门调查和成立核心小组的方式收集专家建议。

为了系统地保证专家工作程序，编写了整套专用资料，包括专家问卷调查的表格和组织核心小组的方法材料。

在初始工作阶段，根据每个技术的优先发展方向，进行大规模的专家问卷调查（其中包括询问相关联邦行政机构、国防工业综合体的组织和企业、俄罗斯科学院的分支部门），以收集军用产品信息，这些信息可能被用作关键技术的基础。

问卷调查的目的是：初步了解对保证国家国防安全具有决定性意义的重要技术。此时，专家评估现有技术和最重要的技术清单，以及未来10年内能在国内科技储备的基础上生产的最重要的军用产品。

除了与国防安全有关的专业要求以外，所有这些技术应最大限度地满足下列标准：

——在国内和国际市场的竞争力和需求；

——给国内生产总值的增长做出巨大贡献（依靠规定产品生产和销售量的快速增长）；

——克服对进口重要材料、配套技术的依赖，其他国家可能禁止俄罗斯销售这些材料和技术。

专家还应给出每种军用产品主要特性的简要说明，列举决定新技术。

专家小组处理问卷调查结果数据，以防止重复，进行必要的分组和整合。在该基础上，根据每个科技工艺优先发展方向，制定汇总清单，清单由有限的项数组成，包含主要的技术组（有代表性的，能体现优先方向上的所有主要技术和生产方面）。

使用核心小组法进行下一步工作，该方法属于定性信息收集法，以利用群体动态效果为基础。使用该方法首先要在专家（主持人）的领导下进行小组讨论。在每个科技工艺优先发展方向上，均应使用核心小组。工作过程中，要求相应专家小组的成员参与，必要时，还可补充邀请高级专家。核心小组的工作成果是根据选定的标准修订的技术清单（按重要性排序），同时编制生产军用产品必需的最重要的技术清单。上述技术应根据主题分组，专家小组成员从潜在贡献（在国防安全领域，实施国家计划时发挥的作用）的角度评估每组的重要性。

在此评估的基础上，专家小组的成员选出可以列入清单的关键技术。此时，既可以保持现有清单，也可列入新的关键技术。

核心小组的工作成果为：

—最重要的军事产品清单；

—生产有前途的军事产品所必需的最重要的技术清单；

—有关修正关键技术清单的建议。

3. 评估标准

在该工作阶段，应进行鉴定，通过评估不同类型军用产品的一些特征，确定修正后的关键技术的国防潜力。

除了专项评估标准外，还使用了一般经济标准，如：

—该产品的预期年销量（俄罗斯境内和海外）；

—竞争力水平；

—开始生产军用产品的可能性日期；

—生产基地有开始生产所必需的技术储备。

这些标准直接反映在表格问题中，使用该表格评估各优先领域的所有军用产品类型。

根据专家询问调查的结果，准备关键技术说明，说明应包括技术评估的主要特征，如下：

—技术的主要用途；

—技术的主要组成；

—使用范围；

—国防潜力；

—列入关键技术清单的依据；

—该领域拥有最大理论储备量的科学机构和组织；

—拥有技术应用必要生产场地的国防工业综合体企业；

——评估必要成本和潜在市场成交量（包括出口）；

——国家支持该领域的必要专业措施，能提供最大的产量。

上述方法用于规范化说明不同的关键技术和评估其国防潜力。

根据问卷数据分析结果，编制关键技术说明书。

4. 专家技术鉴定

在该阶段，给专家们分发表格，主要目的是根据上文所述标准，评估有关军用产品重要类型信息和对产品开发具有决定性意义的技术信息。

要求每位专家根据优先发展方向，给出自己擅长领域最重要的、有前途的军用产品种类，且未来10年内，在俄罗斯科学技术储备的基础上应能生产该产品。

收集已填好的表格，由组织执行者以军用产品和技术清单的形式进行总结，并交给专家小组，以便进一步分析研究得到的结果，并在核心小组范围内对其进行讨论。

指定军用产品和技术清单是评价现有关键技术清单和编制新清单建议的基础。为了达成这些目的，专家们应评估，在哪些措施中将现有清单中的关键技术用于创造有前途的军用产品。如果在这些产品的创造过程中该技术发挥了重要作用，则应将其留在现有清单或新清单（在讨论过程中产生）中。

每个核心小组的成员人数应有限制，以保证其有效运作。每个小组的工作均应保证问题的全面讨论。

组织专家核心小组时，应讨论初始军用产品清单。在其基础上，划分出最重要的分组，根据专家观点，这些分组未来长时间内可在提高国防能力和保证国内生产总值增长方面做出最大的贡献，且国家资源应集中支持该组技术的发展。

根据核心小组专家讨论的结果，编制最重要军用产品的一致清单，这些产品对于方向研究是最有价值的，且在未来10年内可在俄罗斯生产。对于每个优先发展方向，该清单可能由几十个分组构成。

如果某项技术可促进创造国防安全领域的现代化、有竞争力的产品，并且在国内生产总值增长方面做出了贡献，则可认为该技术符合关键技术标准。换句话说，关键技术清单中的技术有助于促进高科技军用产品（国内需求量大，并且具有巨大的出口潜力）的生产。

这样，在核心小组范围内，专家讨论的基本结论是：初步制定关键技术和最重要的军用产品清单。

确定最有前途的关键技术的同时，还应研究其实际应用范围。

在调查询问范围内，专家们应评估核心小组编制的核心技术方案，必要时，补充最重要的军用产品清单。问卷调查的主要目的是评估军用产品和技术清单（由核心小组选出的）。总结收到的专家回复，并用于评估重要军用产品研发与生产的不同方面。

按下列形式进一步评估关键技术的国防潜力。

对于每项关键技术，计算用到该项技术的重要军用产品的数量，并评价各类军用产品的重要性。评估该技术为保证国家国防安全做出的潜在贡献。此外，根据国内和国外各种用到该技术的军用产品市场的总量，评估其经济潜力。

在该阶段也应填写关键技术说明书。

对于所有上述措施，应编制下列材料：

—更正后的关键技术清单；

—重要的、有前途的军用产品（使用了相关技术数据）清单；

—所有关键技术的简短说明；

—用于评估军用产品不同参数的专家问卷调查总结；

—证明关键技术实施前景和军事潜力的材料。

5. 结果的报批与批准

将在工作小组工作范围内提出的关键技术组成建议和补充信息（关键技术说明、重要且有前途的军用产品清单）转交相关工作组，以便进一步分析和确认。然后，将修正后的关键技术清单发给相关联邦行政机构和俄罗斯科学院报批。

如果得到同意，则用联邦行政机构和俄罗斯科学院的意见建议确认和完善关键技术清单。在报批过程中，应主要关注修改是否符合关键技术选择标准，是否有重复。

通过该过程，最终制定：

——更正后的关键技术清单；

——重要的军用产品清单；

——关键技术说明。

继续按规定程序进行关键技术清单的批准程序。

制定并批准关键技术清单，确定最重要的、有前途的军用产品后，对相应领域的实际实施情况提出建议。

在此项工作范围内，分离出在最大限度上符合国家国防政策目标（补充包括提高竞争力、为国民经济增长做贡献、提高技术安全性）的技术群组。对于最大规模的群组，就国家重要计划和国家级项目的制定提出建议。对于其他群组，编制实际实施过程中必需的技术清单，在规定清单范围内，就可能列入国家计划对应章节的措施提出建议。国家行政机构制定措施，为优先级提供资源、财政和立法支持。

同时，就可能列入行业关键技术清单的技术和可能在联邦和部门专项计划中实施的措施提出建议。

3.2　美国关键技术历史和规范基础

美国于 20 世纪中期出现了确定影响国防工业综合体生产和国防安全保障的因素的想法。当时，美国分析员发现存在一组生产高科技军用产品所必需的关键材料（包括稀土元素、铁合金、锰、锡和橡胶）。

制定确定战备物资采购过程的 1938 年海军拨款法案（Naval Appropriations Act of 1938）时，首次编写了军用战略和关键材料清单（Strategic and Critical Materials for Military Use）。1939 年，由于日本在亚洲发动战争，美国有失去重要进口项目的危险，欧洲也可能产生战争，所以颁布了 1939 年战略物资法（Strategic Materials Act of 1939）。根据该法律，编制了含 42 项军事生产必需的战略和关键物资的清单。

第二次世界大战后，1946 年通过了战略和关键材料储存法案（Strategic and Critical Materials Stock Piling Act of 1946）[90]。通过该项法

案的目的在于，针对美国国内处于紧急状态时期战略和关键物资的供应问题，降低和消除美国对外国资源危险且昂贵的依赖。

1946年储存法案是美国在该问题上所有后续政策的基础。例如，根据该法律，2013年国防部负责技术资料保障的副部长制定了报告，报告指出现在美国战略与关键物资包括76种，其中23种供货稳定性令人担忧，尤其是铍、碳纤维和稀土元素[91]。

作为影响国防工业综合体生产和国防安全保证的因素，技术研究与材料类似。现在，不只是原料和能源，技术也正越来越多地影响着国家国防力量和经济力量。

这种想法在国防法案中得到体现（National Defense Authorization Act）[92]。根据该项法案，美国科技政策办公室（Office of Science and Technology Policy）是美国总统行政办公室（Executive Office of the President），负责分析和评估科学技术的不同方面，办公室被要求每两年向美国总统做一次特别报告，报告内容涉及国家关键技术。

为准备该报告成立了工作组，成员包括科技领域政策制定部门的代表三位，工商部门代表三位，以及国防部、能源部、商务部和NASA代表各一位。

在这里，国家关键技术可理解为未来长期对经济发展和保证美国国家安全有重要意义的商品生产技术和工艺过程。

可根据下列标准，确定技术是否是关键技术：

—技术的经济意义和国防意义；

—该技术在美国和其他国家的发展现状；

—评估美国在该技术的发展领域内现在和预期研究水平和要求条件，其中包括从联邦政府、国家和地方权力机构、私人经济成分、学院和大学角度的评估。

根据与能源部和其他相关部门、联邦政府部门达成的协议，国防部部长应在两院军事委员会（以下简称参议院）作关键技术（对保持美国武器系统长期定性优势具有重要意义）年度计划报告。

年度计划中的关键技术应根据现有优先级排序；国防部、能源部，以及其他相关的美国政府部门还应确定其拨款需求。

根据以下方案分析国防部年度报告中的各项技术：

——将该技术列入关键技术清单的依据（其中包括与上文提到的两年一次报告的一致性）；

——在科技发展领域，该技术在国防部现行计划和长期战略中的地位；

——指出国防部或能源部与该技术发展有关的主导结构；

——说明该技术发展相应主导结构的计划，并确定成果监督的中间点；

——确定必要拨款；

——比较该技术在美国和欧盟的发展成就；

——在该技术发展领域，评估美国盟国和其他工业发达国家能为满足美国及其盟国需求而做的潜在贡献；

——为实现技术发展，美国及其盟国和其他工业发达国家均进行了研究，对比彼此能获取别国研究成果信息的程度，并评估获取技术发展信息的不平衡的后果；

——对比美国工业基地和其他发达国家工业基地使用该技术的可能性；

——对比相应生产基地的发展趋势，评估美国的竞争力；

——发展该项技术时，评估美国对其他国家的依赖程度；

——评估联邦政府参与美国科学研究工作和工业基地发展工作的必要性。

根据1991年国家国防法案，成立了关键技术研究所（Critical Technologies Institute，CTI）。研究所作为政府拨款建立的科学研究中心（Federally Funded Research and Development Center，FFRDC），受相应监管控制。

除了保证科技政策办公室的分析支持外，关键技术研究所的任务还有：

——收集工业、科学组织和国家机构代表对关键技术的应用和发展的看法；

——在分析收集信息的基础上，确定近期、中期和长期目标，以及确定国家为发展和使用关键技术研究、研发、形成工业潜能的优先级；

——制定战略，以达成这些目标。

计划给 CTI 拨款 500 万美元，每年从国防部预算中扣除。

关键技术研究所为总统科技政策办公室服务，从国防部拨款，受兰德（RAND）公司管理。国防部被迫就研究院从国防部预算拨款的合法性，向美国总统行政管理预算办公室作出官方澄清，这种状态引起了财政和权力冲突。最后这种拨款方式被批准，并延续下来[93]。

由于意义不明确，CTI 持续到 1998 年，然后更名为科技政策研究院（Science and Technology Policy Institute）。根据新名称，研究院的职能也有所扩大（从单纯的"关键技术"主题向所有有前途的科技发展方向的广泛范围过渡）[94]。

2003 年研究院进行了重组，开始受国防分析研究所（Institute for Defense Analyses）管理，在此之前，国防分析研究所已经为国防部实施关键技术计划。

科技政策研究院的拨款情况如下：2013 财政年——280 万美元，2012 财政年——310 万美元，2011 财政年——300 万美元[95]。

下面详细介绍下国防分析研究所，该机构的任务是创建并更新军用关键技术。

1947 年国防部部长詹姆斯·福雷斯特（James Forrestal）① 成立了武器系统评价小组（Weapons Systems Evaluation Group，WSEG），以保证武器系统和国防计划的技术分析。后来该小组成为国防分析研究所。

有趣的是，在 1958 年，应时任国防部部长要求，成立了专门的部门，以为刚刚成立的美国国防部高级研究计划局提供支持（当时是

---

① 其中一个版本，他自杀身亡，他从窗户跳下，并高喊道：俄罗斯人前进，俄罗斯人前进！他们无处不在。我看见了俄罗斯士兵……

Advanced Research Projects Agency）。详见文献［1］。

国际分析研究所是由联邦预算拨款的科研中心，为国防部、国家安全局（National Security Agency）和科技政策办公室（Office of Science and Technology Policy for the Executive Office of the President）服务。

国防分析研究所所长朱思九，他是前国防部副部长（2001—2009年），兰德阿罗约中心军队研究部副总裁（RAND Army Research Division，RAND Arroyo Center）（1998—2001年）和兰德公司的华盛顿办公室主任（1994—1998年）。

国防分析研究所的另一位领导苏珊娜·伍尔西（Suzanne Woolsey），她是前任中央情报局主任詹姆斯·伍尔西（James Woolsey）的妻子，其著名事迹是：从她成为加利福尼亚路福公司领导后，该公司签下了总值16亿美元的伊拉克重建合同[96]。

领导组成明显与"关键技术"主题紧密联系，由联邦预算拨款，具体的人物链为兰德公司——国防部——中央情报局。他们的活动成果却差强人意，根据总审计局（类似于俄罗斯审计署）2006年检查结果，研究院编制的清单被认为"价值有限"。

3.3　美国的关键军事技术

美国有一系列与关键军事技术相关的计划。2013年年初，主要计划见表3.1[97]。

详细研究其中一个计划：

美国实施关键军事技术计划（Militarily Critical Technologies Program）已超过30年（从1980年开始）。由于实施时间较长，故能合理评估该项目的有效性。该计划对于俄罗斯国防工业综合体的重要性在于，正是该计划让俄罗斯联邦军事政策领导层对关键技术主题产生了兴趣，俄罗斯联邦做了大量工作编制关键技术清单。

美国编制关键技术清单的历史如下：

1979年美国通过了出口管制法[98]，限制出口可能增强其他国家军事潜力（即损害美国国家安全）的美国商品或技术。

表 3.1

政府确定和保护关键技术计划			
计划	监督部委和机构	计划目的	监管框架
关键军事技术计划（Militarily Critical Technologies Program）	国防部	确定并评估对保持美国军事优势起决定性作用的技术	出口管制法（Export Administration Act of 1979）
两用物项出口控制系统（Dual-Use Export Control System）	商务部，同时有美国国务院、中央情报局、国防部、能源部、国土安全部和司法部参与	调整双用产品的出口时，应考虑到美国经济安全、国家安全和外交政策利益。商务部在此系统的框架下制定了《商业管制清单》（Commerce Control List）	出口管制法（Export Administration Act of 1979）
武器出口控制体系（Arms Export Control System）	国务院，同时有国防部、国土安全部和司法部参与	调控美国公司武器出口《美国军火清单》（U.S. Munitions List）维护该体系	武器出口控制法案（Arms Export Control Act of 1976）
对外军售项目（Foreign Military Sales Program）	国务院和国防部，同时有国土安全部参与	向其他国家销售美国武器并提供服务，以提高两国国防领域双边关系	武器出口控制法案（Arms Export Control Act of 1976）
国家披露政策（National Disclosure Policy Process）	国务院、国防部和情报机构	确定将武器和军事设备信息传递给其他国家的可能性	国家安全决策备忘录（National Security Decision Memorandum 119 of 1971）

续表

政府确定和保护关键技术计划			
计划	监督部委和机构	计划目的	监管框架
美国外国投资委员会（Committee on Foreign Investment in the United States，CFIUS）	国库，同时有商务部、国防部、国家安全部和司法部、国务院和总统行政办公室参与	评估外国投资对国家安全的影响	1998年埃克森-弗罗里奥修正案（1950年国防生产法修正案）（Exon-Florio Amendment of 1988 to the Defense Production Act of 1950）
国家工业安全计划（National Industrial Security Program）	国防部，同时有其他相关部门参与	承包单位（包含外资单）保证保守命令中的秘密信息	1993年第12829号行政命令（Executive Order No. 12829 of 1993）
防篡改计划（Anti-Tamper Policy）	国防部	防止非法获取（开封）武器和军事装备样品	国防部备忘录（Defense Policy Memorandum, February 11, 1999）

根据该项法律，美国国防部于1980年制定了关键军事技术计划（Militarily Critical Technologies Program，MCTP），旨在分析评估现有和有前途的、对军事技术发展起决定性作用的技术。在该计划框架内，将技术按如下两个方向分类（图3.2）：

——Militarily Critical Technologies List（MCTL）——未来5年（5年内）关键军事技术清单；

——Developing Science and Technologies List（DSTL）——未来中长期（5年后）关键科技方向清单。

建议将关键军事技术清单用于出口管制。国防部科技管理部门（Office of the Director of Defense Research and Engineering）和其他国家机

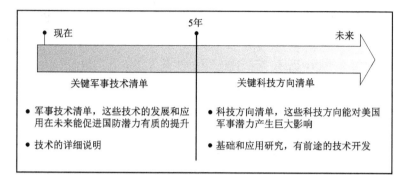

图 3.2　关键技术分组原则

构主要将关键科技方向清单用作评估高科技发展前景的参考文件。制定和实施国际合作计划时也会用到关键科技方向清单。

由国防部国际技术安全问题副部长助理（Deputy Under Secretary of Defense for International Technology Security，DUSD/ITS）对关键军事技术计划进行一般管理。国防部科技管理部门直接实施该计划，科技管理部门邀请国防分析研究所制定方法、编写关键技术清单。

为了编制关键军事技术清单和关键科技方向清单，划分出 20 个有前途的科技发展方向（表 3.2），针对每个发展方向，国防分析研究所成立了专门的专家小组。

表 3.2

1. 航空科技	11. 信息系统
2. 能源密集型材料武器和技术	12. 激光器、光学系统和显示系统
3. 生物学	13. 生产加工
4. 生物医学	14. 海洋系统
5. 化学	15. 材料和工艺过程
6. 能量定向传递系统	16. 核系统
7. 电子学	17. 定位、导航和准确时间系统
8. 能源系统	18. 低可侦测性技术
9. 地面系统	19. 航天系统
10. 信息安全	20. 杀伤性因素的影响

专家小组成员包括：国防部代表、国家实验室代表、联邦机构代表、情报机构代表、学术科研组织代表、院校和工业代表。各小组在国防分析研究所所长的主持或联合主持下开展工作。

专家们应根据20个所选方向，分析世界上不同国家现有能力，并评估技术参数，以确定哪些参数和这些参数的哪些水平对美国军事潜力有重要意义。

因此，专家小组的主要任务如下：

—根据技术定量特征，确定威胁美国国家安全的技术；

—确定其在全球的普及程度以及影响此类技术可用性、影响美国及其盟国监控此类技术扩散的趋势；

—确保科技发展的未来规划。

专家们使用现有已掌握的一切信息来源，遵循自身经验，在小组内部讨论将某种技术列入关键技术清单是否合理。然后将这些意见提交国防部报批，并由国防部批准。国防部同意后，最终将这些技术列入关键技术清单，并且相关使用者可以获取该清单。

关键军事技术计划制订体系如图3.3所示。

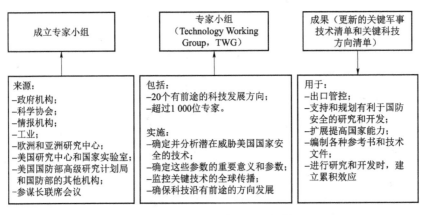

图3.3　关键军事技术计划制订体系

关键军事技术清单包括三个章节：

—武器系统技术（军事技术及其参数清单，可保证军事领域美国最低技术优势水平）；

——大规模杀伤性武器技术（生物武器、化学武器或核武器及其运输工具的研究、创造和使用所必需的关键技术）；

——新兴关键技术（此类技术的研究和推广能使美国拥有显著的军事优势）。

必须指出，编制关键军事技术清单时做了大量工作。分析了6 000项与国防主题相关的技术，其中有2 000项被录入专门建立的电子数据库中。其中清单第一章节（武器系统技术）含656项技术。

工作成果是含关键军事技术说明的大篇幅的文件（超过2 200页）。

根据关键军事技术清单的各个章节更详细地研究其结构，清单结构以1996—2001年编制的单独的主题列表（表3.3）[100]为基础。关键军事技术被分成20个方向，同时每个方向又包含几个细分方向。表中阴影部分表示关键军事技术清单的相应章节中有该细分方向的技术。

表3.3

No.	科学技术发展方向和细分方向	武器系统技术	大规模杀伤性武器技术	新兴关键技术
1. 航空科技				
1.1	空气动力学			
1.2	航空发动机			
1.3	航空器结构			
1.4	飞行控制系统			
1.5	机载子系统和组件			
1.6	机载综合程序一体化			
2. 武器和能源密集型材料技术				
2.1	中小口径武器系统			
2.2	战术弹药助推器			
2.3	武器存储、启动战争状态和开火的安全性			
2.4	机枪、大炮等武器系统			

续表

No.	科学技术发展方向和细分方向	武器系统技术	大规模杀伤性武器技术	新兴关键技术
2.5	制导与控制	■	■	■
2.6	战场局势控制	■	■	■
2.7	战斗部队和杀伤体	■	■	■
2.8	杀伤性和致命性	■	■	■
2.9	能源密集型材料	■	■	■
2.10	迫击炮弹		■	
2.11	导弹系统	■	■	■
2.12	寿命,新型装甲及其破坏方式	■	■	■
2.13	非致命性武器	■	■	■
2.14	肃清军备和特殊措施	■	■	■
3. 生物学				
3.1	提高人力资源能力	■	■	■
3.2	生物动力学	■	■	■
3.3	生物材料和纳米组装		■	■
3.4	个人防御和集体防御设备	■	■	■
3.5	生物制剂的传播	■	■	
4. 生物医学				
4.1	影响传染病传播的因素			■
4.2	防御生物袭击和化学袭击的措施			■
4.3	产生外伤和精神高度紧张时的治疗手段			■
4.4	战术卫勤指挥信息系统			■
5. 化学				
5.1	化学防护系统	■	■	■
5.2	控制化学武器的扩散	■	■	■

续表

No.	科学技术发展方向和细分方向	武器系统技术	大规模杀伤性武器技术	新兴关键技术
5.3	化学材料的生产		■	■
5.4	化学物质的检测、预防和鉴别技术	■	■	■
5.5	发烟剂	■		
6. 能量定向传递系统				
6.1	基于带电粒子加速器的武器			■
6.2	基于中性粒子加速器的武器			■
6.3	基于反物质荷电粒子加速器的武器			■
6.4	伽马射线激光器			■
6.5	动能武器			■
6.6	超高频武器技术	■		■
6.7	定向能武器系统的保障技术			■
7. 电子学				
7.1	电子元器件	■		■
7.2	电子材料	■		■
7.3	电子制造设备	■		■
7.4	通用电子设备	■		
7.5	微电子学	■		■
7.6	纳米电子学			■
7.7	光电子学	■		■
8. 能源系统				
8.1	发电和电力转换系统			■
8.2	蓄电系统			■
8.3	功率调节系统			■
8.4	生物能源系统			■

续表

No.	科学技术发展方向和细分方向	武器系统技术	大规模杀伤性武器技术	新兴关键技术
8.5	高容量蓄电池（常规）	■		
8.6	移动电源	■		
8.7	大功率脉冲发电系统	■		
9. 地面系统				
9.1	先进的柴油发电机	■		■
9.2	地面系统人机界面	■		■
9.3	混合动力发电机	■		■
9.4	地面系统传感器	■		■
9.5	地面物体暴露性控制	■		■
9.6	地面系统结构构件	■		■
9.7	地面系统的系统集成	■	■	■
9.8	运输工具电子仪器	■		■
10. 信息系统				
10.1	通信	■	■	■
10.2	信息交换	■	■	■
10.3	信息处理	■	■	■
10.4	信息安全	■	■	■
10.5	信息系统的管理与控制	■	■	■
10.6	信息系统的技术手段	■	■	■
10.7	信息识别	■	■	■
10.8	虚拟现实与可视化	■		■
10.9	建模与仿真	■		■
10.10	电子攻击技术	■		■
10.11	电子保护技术	■		■
10.12	计算机辅助和制造系统	■		■

续表

No.	科学技术发展方向和细分方向	武器系统技术	大规模杀伤性武器技术	新兴关键技术
11. 激光器、光学系统和显示系统				
11.1	激光器	■		■
11.2	光学系统	■		■
11.3	光学材料和工艺过程			■
11.4	保障技术	■		■
11.5	光电子学和光子学	■		■
12. 生产加工				
12.1	先进的制造加工工艺	■	■	■
12.2	轴承	■		■
12.3	计量学	■	■	■
12.4	无损检测方法	■	■	■
12.5	生产设备	■	■	■
12.6	自动装置	■	■	■
13. 海洋系统				
13.1	海洋救援设备			■
13.2	动力装置和推进器	■		■
13.3	暴露性和持久性控制技术	■		■
13.4	水面下层和深水设备	■		■
13.5	有前途的船体结构	■		■
13.6	人和系统需求的集成	■		■
14. 材料和生产工艺过程				
14.1	装甲及其破坏手段	■		■
14.2	电气材料	■		■
14.3	形状记忆材料、高强度和耐热材料	■		■
14.4	具有特殊性能的材料	■		■

续表

No.	科学技术发展方向和细分方向	武器系统技术	大规模杀伤性武器技术	新兴关键技术
14.5	"智能"材料和结构			●
14.6	微加工材料			●
14.7	铁磁材料	●		
15. 核系统				
15.1	初始富集材料的生产		●	●
15.2	铀浓缩		●	●
15.3	核反应堆		●	●
15.4	钚的提取和加工		●	●
15.5	锂生产		●	●
15.6	核武器的发展		●	●
15.7	启动战争状态、爆破的安全保障系统		●	●
15.8	放射性武器		●	●
15.9	核部件的生产		●	●
15.10	开发过程中的核武器试验		●	●
15.11	核武器的运输、检查和安全性		●	●
15.12	重水的生产		●	●
15.13	产氚		●	●
16. 定位、导航和准确时间系统				
16.1	惯性导航系统	●		●
16.2	重力仪和重力梯度仪		●	
16.3	无线电导航系统和电子地图	●		●
16.4	磁力计和磁力梯度仪	●		●
16.5	精确时间和频率系统	●		●
16.6	战争条件下的识别系统(态势感知能力)	●		●

续表

No.	科学技术发展方向和细分方向	武器系统技术	大规模杀伤性武器技术	新兴关键技术
17. 传感器				
17.1	飞机和地面平台的声学传感器	■		■
17.2	船舶主动声呐站	■		■
17.3	船舶被动声呐站	■		■
17.4	适用于海上平台声学传感器	■		■
17.5	光电传感器	■		■
17.6	无线电雷达站	■		■
17.7	地雷探测	■		■
17.8	鱼雷探测	■		■
18. 低可侦测性技术				
18.1	自适应材料	■		■
18.2	多功能系统和子系统			■
18.3	系统集成			■
19. 航天系统				
19.1	航天航空电子设备			■
19.2	电子仪器和电脑	■		
19.3	助推器			■
19.4	光电系统	■		■
19.5	电源和温度调节系统			
19.6	航天系统发电机			■
19.7	试验和鉴定			■
19.8	航天系统传感器	■		■
19.9	生命支持系统			■
19.10	航天器结构			■
19.11	机载设备一体化			■

续表

No.	科学技术发展方向和细分方向	武器系统技术	大规模杀伤性武器技术	新兴关键技术
19.12	太空基激光器			■
20. 杀伤性因素的影响				
20.1	核爆炸冲击波的影响		■	
20.2	可击毁高保护目标的穿透弹药	■	■	
20.3	核爆炸的辐射热		■	
20.4	电离辐射		■	
20.5	电磁辐射		■	
20.6	地下核试验		■	

关键军事技术清单定期更新完善。2013年年初清单包含大约100个分章，550多个关键军事技术说明（见表3.4）[97]。

关键军事技术说明是其结构化描述，说明书结构如图3.4所示。

可将信息上传到互联网上，以便将某部分关键技术信息传递到相关使用者手中。为此，从1997年开始建立了专门的网站。

表3.4

No.	技术方向（章）	分章数量	技术数量
1	航空科技	5	19
2	武器和能源密集型材料	13	53
3	生物学	4	14
4	生物医学	2	2
5	化学	3	19
6	能量定向传递系统	2	9
7	能源系统	4	25
8	电子学	5	47
9	地面系统	3	3

续表

No.	技术方向（章）	分章数量	技术数量
10	信息系统	6	25
11	激光器、光学系统和显示系统	9	78
12	生产加工	6	50
13	海洋系统	5	34
14	材料和生产工艺过程	3	26
15	核系统	2	6
16	定位、导航和准确时间系统	5	30
17	信息安全	3	16
18	低可侦测性技术	3	22
19	航天系统	12	61
20	杀伤性因素的影响	4	29

关键技术说明书	关键技术说明书的章节	说明
	关键技术参数	确定技术参数，潜在敌人获得该参数后能占据巨大优势
	关键材料	实现该项技术必需的特殊材料
	生产和检测设备	试验、生产和检测用特殊设备
	软件	专用软件
	商业化的可能性	技术商用的可能性说明
	必要的拨款	描述影响技术价值的因素
	出口管制	确定出口管制清单、不扩散规范和合同
	军用依据	说明技术的军事用途
	外国能力	说明哪些国家有可能开发并使用该项技术

图 3.4 关键军事技术说明书的结构[97]

图 3.5 给出了国防分析研究所成果密集推广期间，网站访问者的活动动态。如图 3.5 所示，网站访问频率急剧增加——从 1997 年的 998

次点击/周到 2002 年的 12 559 次点击/周。

将信息上传到网站上能得到相关使用者和专家的反馈，并且产生新的想法。这样一来，信息传播的费用大大减少，而且不需重新发行印刷版就可以有选择地更新关键军事技术清单。

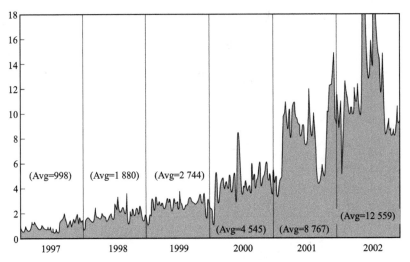

图 3.5　有关键军用技术清单信息的网站的访问动态[101]

3.4　美国关键军用技术"价值有限"

总审计局（the Government Accountability Office，GAO）分别于 2005—2006 年和 2012—2013 年进行了两次关键军事技术计划的执行进度检查，在关键军事技术计划的框架下，制定并实施了关键军事技术清单、关键科技方向清单。

检查过程中评估了关键技术清单更新的周期性，国防部及其他相关部门的使用效率。

总审计局将 2005—2006 年检查结果提交给美国参议院军事委员会（Committee on Armed Services）[99]。关键军事技术清单和关键科技方向清单在实施过程中遭到了尖锐的批评，并称清单本身"价值有限"（limited value）。总审计局还指出：虽然为修改关键军事技术清单和关键科技方向清单专门邀请政府部门、产业界和学术界专家并成立了专家小组，但由于自愿参与，一些专家决定完全不参与或参与部分活动。同时，超过三分之一的专家承认他们不具备完成此项工作所必需的技术知识，四分之一完全没有研究该清单。此外，成立的工作小组也没能成功制定关键军事技术的选择标准。

关键军事技术计划建议每 4 年完全更新清单的 20 个部分，然而实际上关键军事技术清单半数章节（其中包括与武器和通信相关的章节）在 10 年内均未更新（表 3.5）；关键科技方向清单同样不再适用，其中近半数章节在近 5 年内未更新。因此，国防部和其他国家机构在解决高科技未来发展或出口限制等问题时，通常依赖其他信息来源。

总审计局还强调，据国防部和商务部负责出口管制人员提供的信息，关键军事技术清单在使用过程中太过宽泛、复杂，内容也过时了。关键军事技术清单的质量让空军领导赶到不安，命令自己的职员完全不使用该清单。海军领导同样指出，关键军事技术清单过时了，并表达了对其可信度的担忧。

关键科技方向清单也很少使用，在某种程度上是因为，国防部的一些相关机构完全没有了解到该清单的相关信息。那些尝试使用了关键科技方向清单的人称"稍有帮助"，因为过时了。国防部的一些部门不得不编制自己的专用计划，以便跟踪技术的发展过程，并根据自己专家的意见解决相关问题。

根据检查结果，建议国防部采取措施，确定用户需求，并根据这些需求进一步确定目标，以及关键军事技术清单和关键科技方向清单的编制程序，进而实施改革。国防部同意了这些建议，但强调说，与国防部现有计划相比，建议原则上没有什么新内容。

即便如此，总审计局结束第一次检查后，关键军事技术计划的执行工作开始变得积极，同时采取了一系列措施，以消除发现的不足。

其中，国防分析研究所和国防部、负责出口管控的商务部、国库、国防部国防技术安全管理局（Defense Technology Security Administration，DTSA）、武装部队、军事反间谍组织，以及其他国家机构的代表一起确定了用户需求。通过上述工作，确定了关键军事技术清单的主要用途是用于出口管控。此外，军事反间谍组织也使用了关键军事技术清单。

为了使用方便、改善导航，在数据库的基础上添加了搜索引擎，开始将关键军事技术清单转换成动态数据库，使用户能解决复杂的分析任务，例如确定几种技术类型之间的关系。

2009—2010年，几乎关键军事技术清单的所有章节均被更新。

2007年计划预算翻倍——不到400万美元。

为了努力提高关键军事技术清单的使用效率，2008年国防部几次发布有关该专题的文件，例如文献［102］和文献［103］，在这些文件中，要求定义术语"关键军事技术"，阐明关键军事技术清单的更新和实行程序，确定国防各部门使用该清单的目的。

"关键军事技术"的官方定义为：产品设计、开发、生产、使用，以及提供服务时必需的技术或技术设备，这些技术或技术设备可以为包括美国在内的任何国家的军事潜力做出巨大贡献。关键技术包括：设计生产领域的专有技术、技术数据、关键设备，及其检查与试验方法。

文件中写到，国防部仅将关键军事技术清单看作技术资料手册，进行国际供货、提供服务和技术（有国防意义）时，用于制定和实施技术安全政策。

还规定，必须制定一套完整方法，以能在客观标准的基础上确定某项技术是否属于关键军事技术。

还决定专门成立工作小组，更新关键军事技术清单的所有章节。而且，还在很大程度上更新了关键军事技术计划功能作用的规定。还建议逐渐摒弃使用两个清单的做法，仅保留关键军事技术清单，在该清单中整合关键科技方向清单的必要内容。

根据国防部发布的指令，修改了关键军事技术清单，其主要内容与2009年版相吻合（见表3.5）。

总审计局于2012—2013年[97]再次分析了工作成果。检查过程中发现，2011年国防部由于财政困难停止了更新关键军事技术清单，解散了负责技术评估和清单更新的技术工作小组。2012年仍存在资金不足的问题。国防部要求每两年定期更新一次清单各章节的各项技术，为满足要求需要400万美元，2012年国防部为此仅拨款149万美元。

表 3.5 关键军事技术清单的更新

No.	技术方向	1996	1997	1998	1999	2000	2001	2002	2003	2004	2005	2006	2007	2008	2009	2010	2011	2012
1	航空科技	■													■	■		
2	武器和能源密集型材料											■				■		
3	生物学													■	■			
4	生物医学									■					■			
5	化学								■									
6	能量定向传递系统	■													■			
7	电子学														■	■		
8	能源系统											■						
9	地面系统													■				
10	信息安全									■					■			
11	信息系统														■			
12	激光器、光学系统和显示系统											■			■			
13	海洋系统														■			
14	材料和工艺过程									■					■			
15	核系统										■				■			
16	定位、导航和准确时间系统														■			
17	生产加工														■			
18	低可侦测性技术													■	■			
19	航天系统																■	
20	杀伤性因素的影响																	

2009年后，仅更新了关键军事技术清单总的四个章节，其中没有一个更新被批准、按规定程序出版或让相关用户能获取到。对于快速发展的技术领域，例如信息安全和信息系统，近6年内一次都没有更新。

就使用过时内容辅助做出决策的风险而言，在关键军事技术计划的网站上还能获取的关键军事技术清单的版本仅供参考。

国防部还中断了早前规划的关键科技方向清单与关键军事技术清单整合工作。与关键军事技术清单一样，关键科技方向清单也没有再更新。关键科技方向清单的一些章节比关键军事技术清单的对应章节要落后得多。例如，生物学章节从1999年开始就没再更新了（见表3.6）。

表3.6

关键科技方向清单的更新

No.	技术方向	1999	2000	2001	2002	2003	2004	2005	2006
1	航空科技		■						
2	武器和能源密集型材料				■				
3	生物学	■							
4	生物医学		■						
5	化学				■				
6	能量定向传递系统				■				
7	电子学			■					
8	能源系统		■						
9	地面系统					■			
10	信息安全								■
11	信息系统		■						
12	激光器、光学系统和显示系统		■						
13	生产加工		■						
14	材料和工艺过程				■				
15	海洋系统		■						

续表

No.	技术方向	1999	2000	2001	2002	2003	2004	2005	2006
16	核系统								
17	定位、导航和准确时间系统							■	
18	低可侦测性技术					■			
19	航天系统				■	■			
20	杀伤性因素的影响					■			

此外，检查人员还指出，拨款额的减少也阻碍了关键军事技术清单新的维护和更新方案的实施。

根据检查结果得出结论：关键军事技术清单不用于出口管控，虽然清单最开始是为此而编制的。国防部、商务部和国务院负责出口管控的专家工作时不会使用关键军事技术清单，这是因为清单不具有现实意义，不具体，而且被迫亲自邀请专家，以获取关键技术的最新信息。

3.5 俄罗斯关键技术

俄罗斯联邦于1995年4月17日通过决议《国家支持科学和科学技术研究的发展》[23]，并据此开始确定关键技术和关键科技发展方向。

为了克服科技领域的危机状态，增强国家对经济结构转变的创新潜力的影响，也为了保证对俄罗斯科技发展的支持，俄罗斯联邦国家国防工业委员会、俄罗斯联邦科学技术部、俄罗斯联邦经济部，以及其他一些组织被要求就联邦科技优先发展方向和关键技术清单提出建议。

科技优先发展方向是指主要研究领域，此项研究的实施应能为国家社会、科学技术和工业发展做出巨大贡献，并据此达到国家社会经济目标。在每个科技优先发展方向上，均可获得一些关键技术组合。

关键技术具有跨学科的特点，是很多技术领域发展或研究方向的基本前提，并在解决科技优先发展方向的关键问题时发挥主要作用[104]。

根据科技政策政府委员会的决定（1996年5月28日备忘录）[105]，

该课题的工作将继续进行。在1996年6月13日俄罗斯联邦总统令《俄罗斯科学发展学说》中，1996—2000年间俄罗斯联邦政府应继续开展科技优先发展方向和关键技术的制定和实施工作[24]。

最后，19个部门（在工作小组中有代表）针对联邦科技优先发展方向和关键技术清单提出建议。工作成果是批准了科技优先发展方向（政府科技政策委员会，1996年7月21日，№ 2727п-П8）。共列出八个优先发展方向：

—基础研究；

—信息技术和电子学；

—生产技术；

—新材料和化工产品；

—生活系统技术；

—运输；

—燃料和能源；

—生态与环境管理。

同时批准了联邦关键技术清单（政府科技政策委员会，1996年7月21日，№ 2728п-П8），该清单共包括70项技术。

对比俄罗斯与美国的关键技术清单，在确定某项技术是否属于关键技术的方法上存在一些分歧。如果说美国关注更详细的结构形式，那么俄罗斯方法则是建立双层结构：在优先发展方向上得到综合清单，在关键技术方面得到更详细的清单。

以后，政府科技委员会将定期（时间间隔2~3年）确认联邦科技优先发展方向和关键技术清单，同时还会委托各部门确定相应行业和经济部门的科技优先发展方向清单和关键技术清单。

优先级和关键技术的实施机制是：

—在关键技术基础上解决具体科技任务、设计任务和技术任务的联邦专项计划科学研究和试验设计章节；

—联邦专项科技计划《民用科技优先发展方向调查研究》；

—国家科学中心在确定的关键技术范围内进行的科学研究和试验设

计方案和计划[106]。

联邦关键技术清单处于最高层级（通过分析国际经验，关键技术清单可分6~9级）。这种分级制度有助于有效实施国家政策。更详细的清单是对国家关键技术清单的必要有机补充。正因为如此，政府科技政策委员会1996年5月28日下令，委托联邦行政机构（其科学研究和试验计划由联邦预算拨款）制定并通过相应行业与经济领域的科技优先发展方向清单和关键技术清单。

由俄罗斯联邦国家科技委员会就规定清单的编制问题制定方法建议（1996年8月26日俄罗斯国家科学技术委员会第6号命令批准）。俄罗斯联邦科学与技术政策部（1996年8月改称俄罗斯联邦国家科技委员会）启动联邦科技优先发展方向与关键技术确定工作[104]。

1998年上半年，俄罗斯联邦科学技术部对联邦关键技术发展现状和前景进行了评估。评估是以800名专家问卷调查为基础的，其中800名专家包括科学家、科学组织者，代表科学学术部门、国家科学中心、科学研究所、设计局、工业企业和联邦行政机构的科技领域权威专家。

根据专家问卷调查结果，评估每项技术与世界最高水平的差距，以及对在国际市场有竞争力产品的生产、保证国家国防力量、改善环境条件和生活质量的意义。还应从最终结果实际应用的角度出发，评估技术意义、取得巨大成果的预期期限、要求最大努力的生命周期等。最终结果见表3.7[107]。

表3.7

排名	发展前景	状态
1	核能	核能
2	氢能	氢能
3	催化剂	催化剂
4	复合材料	复合材料
5	激光技术	激光技术
6	带平行结构的多处理器计算机	带平行结构的多处理器计算机

续表

排名	发展前景	状态
7	非传统的固体燃料和铀的开采与加工技术	非传统的固体燃料和铀的开采与加工技术
8	高分子化合物	高分子化合物
9	数学模型系统	数学模型系统
10	语音、文本和图像识别与合成系统	语音、文本和图像识别与合成系统
11	使用非传统方法的采矿和技术工程原料深度加工技术	使用非传统方法的采矿和技术工程原料深度加工技术
12	地下资源研究,矿产资源和铀预测、勘探技术	地下资源研究,矿产资源和铀预测、勘探技术
13	自然技术领域检测技术	自然技术领域检测技术
14	废核燃料再生技术,放射性废物回收和埋藏技术	废核燃料再生技术,放射性废物回收和埋藏技术
15	电子离子等离子体技术	电子离子等离子体技术
16	使用新型技术方案（包括非传统布局方案）的航空航天技术	生物相容性材料
17	生命支持系统和极端条件下人员防护系统	信息通信系统
18	气候、生态系统、矿山地质和资源变化发展预测技术	将天然气转换成电能和热能的联合循环和燃气涡轮工艺过程
19	石油、天然气和凝析油深加工技术	重组疫苗
20	替代燃料汽车	功能性食品安全保障技术
21	煤浆管道运输	大陆架碳氢化合物开发技术

在状态和发展前景综合排名前15的联邦关键技术中,其中5项技术为"燃料和能源"方向技术,而其他9项属于"信息技术和电子学""生产技术""新材料和化学产品"方向,每个方向各三项技术。这些方向中各项最好的关键技术平均占比30%。

根据研究结果，俄罗斯联邦科学技术部（联合俄罗斯科学院、农业科学院、医学科学院、俄罗斯联邦财产基金会、俄罗斯人文科学基金、小型科技创新企业援助基金会）制订并实施了部门间计划——俄罗斯科技发展前景。在该计划的框架下，研究联邦关键技术清单，确定科技发展优先级的选择原则及其实施机制。

2003年4月，俄罗斯联邦审计署分析了联邦科技优先发展方向和关键技术相关工作。

审计署分析指出，科技优先发展方向的主要缺点是太过普通，如"基础研究"和"生产技术"这样十分普通的方向。用很少的篇幅将基础研究列入科技发展优先方向，但这会导致俄罗斯科学院和其他国家科学院的基础研究都列入其中，优先级是模糊的。因此，不能用作科学研究工作主题制定的方向标，其结果是，不能用应有的方式保证联邦预算资金的有效利用。

只有在优先拨款的前提下才能实施优先方向。通过分析俄罗斯和美国的关键技术清单得出二者表达方式的可比较性，而非资源保障。1998年美国为支持97项关键技术花费1 707.650亿美元，俄罗斯为70项关键技术花费4.100亿美元，仅占美国此项开支的0.2%。实现优先级时同样存在这样的差距。

同时，根据俄罗斯专家的评估，在规定期限内，俄罗斯仅在17项关键技术中拥有竞争力，这确定了其作为发达国家的潜力。在有利条件下，预测5~7年内俄罗斯还将有22~25项宏观技术发展为国际水平。

制定优先发展方向和关键技术的主要缺点是缺少选择标准（公开性，采用各种形式的公共讨论、鉴定和评选）。被批准后，这些方法在科学法案中被正式提出。此时，国内还没有明确建立科技发展方向长期预测体系。

下列内容给优先发展方向和关键技术的编制工作带来了负面影响：制定科学产品需求时工作小组成员不足，缺少独立的优先级和关键技术鉴定委员会，忽略国家的资源能力，以及形式上定位为向新的技术贡献过渡。

联邦优先发展方向和关键技术的形式特性决定了科学体系（俄罗斯科学院和各领域科学院、联邦部门）制定自己科学和科技领域优先级的必要性。联邦科学管理机构并没有制定行业优先级的统一确定程序和方法。实际上，俄罗斯联邦科学技术部，随后的俄罗斯科学工业部均退出了此项工作[108]。

这样一来，俄罗斯审计署发现关键技术清单的编制过程中存在很多不足。这里必须指出，如上文所述，美国总审计局——美国类似于审计署的部门，在分析美国关键军事技术时，结论也称其"价值有限"。

* * *

2002年3月20日，在安全委员会、联邦委员会主席团和俄罗斯联邦总统科学与高技术委员会会议上，新的科技工艺优先发展方向和2010年及更长远未来国家科技政策基础一起得到俄罗斯联邦总统的认可。该专题的进一步发展情况见2002年俄罗斯联邦关键技术清单（2002年3月30日由俄罗斯联邦总统批准，№ Пр-578）。

更新后的清单共包含9个优先发展方向：

—信息通信技术和电子学；

—航空航天技术；

—新材料和化学技术；

—新型运输技术；

—有前途的武器、军事和特种设备；

—生产技术；

—生活系统技术；

—生态与环境管理；

—节能技术。

文件共涉及52种关键技术，其中"基础关键军事技术"被单独说明。

通过评估新的优先发展方向和关键技术，审计署指出："很遗憾，优先发展方向和关键技术的不足在此显现，尤其是制定新的优先发展方向和关键技术时没有制定相应的科学、科学技术和创新活动有效性评估标准和方法清单。在批准新的优先发展方向和关键技术时，就给俄罗斯科学工业部和相关部门下达了关于制定此类清单的任务。

大大减少关键技术数量（从70项减少到52项），仅通过合并各单独技术或改名实现。在新清单中合并了独立的激光技术和电子离子等离子体技术，将复合材料与高分子化合物合并。一些技术的名称也发生了细微变化[108]。"

从2004年起，受俄罗斯联邦政府和俄罗斯科学教育部委派，高级经济学校开始重新修订优先发展方向和关键技术清单。

其中，实施了"制定俄罗斯联邦科技工艺优先发展方向的编制、修订和实施机制，以及俄罗斯联邦关键技术清单选择机制"[109]项目。在该项目框架下，制定了联邦、地区和行业优先发展方向和关键技术体系的编制、修订和实施方法，以及编制、修订和实施优先发展方向和关键技术时，就国家管理机构、科学和经济协会协同动作问题提出建议的方法。根据研究结果，制订了"优先发展方向和关键技术编制、修订和实施程序"计划，内容包括：编制、修订和实施优先发展方向和关键技术时，给鉴定检查组织的建议；对优先发展方向和关键技术实际实施机制的建议；在确定优先发展方向方面，对改善基础框架的建议。

分析技术前景时优先级选择示意图如图3.6所示。

优先级的确定（考虑实际需求）具有实际意义。根据技术在2015年前的发展前景选择关键技术，通过其实际应用准备程度识别。

选择时使用了如下两个标准：保证俄罗斯国家安全（包括降低发生技术工程事故的风险），以及对国内生产总值的增长和提高经济竞争力的预期贡献。还应考虑技术实际实施的现有条件。

2006年2月15日，在俄罗斯联邦教育科学部部长A·A·富尔先科的主持下，召开了科学创新政策部际委员会会议，会议分析了2015年前俄罗斯联邦科学创新发展战略[111]。会议结束后，部际委员会同意了有关修订俄罗斯联邦科技工艺优先发展方向和俄罗斯联邦关键技术清单的建议。

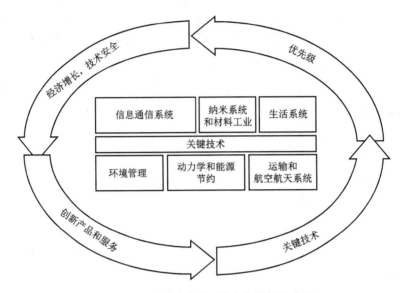

图 3.6　分析技术前景时优先级选择示意图

部际委员会建议的新清单包括 8 个优先发展方向和 35 项关键技术。通过简化清单，从中划分出最有前途的技术方案群组，这些群组基于新的技术方向，在不同经济领域有广泛的潜在创新应用范围，并具有跨学科方向。

部际委员会委托科学教育部继续修订工作，考虑与会者的建议，并向俄罗斯联邦政府汇报。

在俄罗斯联邦关键技术清单（俄罗斯联邦总统于 2006 年 5 月 21 日批准，№ Пр-842）中，包括 34 项关键技术，其中"基础关键军事技术，特殊工业技术"被置于清单最前面。

俄罗斯联邦科技工艺优先发展方向的新方案（俄罗斯联邦总统于 2006 年 5 月 21 日批准，№ Пр-843）包含下列方向：

——安全与反恐；
——生活系统；
——纳米系统和材料工业；
——信息通信系统；
——有前途的武器、军事和特种设备；

——环境管理；

——运输和航空航天系统；

——动力学和能源节约。

2006 年俄罗斯联邦教育科学部继续进行两个清单的确认工作，同时制定俄罗斯联邦科技优先发展方向的编制、修订和实施方法，以及俄罗斯联邦关键技术的选择方法[89]。鉴于该文件的概念意义，为在俄罗斯科技工艺优先发展方向和关键技术领域组织和开展工作，理应对其进行更详细的分析。这里，必须对比上文提到的美国关键军事技术清单的编制与修改。

需要重点强调，方法中给出了具体定义：

——俄罗斯联邦科技工艺优先发展方向——跨行业（跨学科）的科技发展专题方向，能在保证国家安全、加速经济增长，通过发展经济技术基础和知识密集型产业提高国家竞争力方面做出巨大贡献；

——俄罗斯联邦关键技术——一套跨行业（跨学科）的技术方案，是其他专题技术方向进一步发展的前提，在不同经济领域拥有巨大的潜在创新应用范围，并在解决科技工艺优先发展方向实施过程中的重要问题方面做出巨大贡献。

方法建议，两个清单的编制和修订应作为一个定期的综合项目进行（至少每 4 年一次）。这里直接模拟美国关键军事技术，该清单也是每 4 年更新一次。

分析关键技术发展前景时，规划的时间跨度为 10 年。主要任务包括：

——收集并分析材料，材料来源包括联邦行政机构、国家级科学院以及主要科学中心，材料内容涉及技术发展关键方向、在使用该技术的基础上现有商品服务市场的变化以及新的商品服务市场的建立；

——评估最有可能的技术发展趋势和与之相关的预期经济结构变化、影响科技发展轨迹的社会经济等因素；

—制定分析文件（《关键技术说明书》），包括关键技术应用领域的最优前途的趋势说明、主要科技成果说明、最重要的创新产品和服务说明（通过使用关键技术获得）、技术经济特征、开始生产和潜在销量（在规划的实践跨度——10年内），评估国内是否有必要的科技储备、生产和人力潜能；

—在联邦专项科技计划《科技优先发展方向研究》（包括最重要的创新项目以及其他国家科技创新政策工具）的框架下，就优先发展方向实际实施措施体系提出建议；

—就优先发展方向和关键技术清单的修改问题提出建议。

美国在制定关键军事技术清单时，完成了相似任务（例如《关键技术说明书》）。

为了实施方法规定的措施，建议成立协调委员会，为清单修改措施提供方法支持，与联邦行政机构和组织协商，提交项目计划；协调委员会成员应包括俄罗斯科学教育部、相关联邦行政机构、主要科学中心和大学、工业企业的代表。

协调委员会应根据俄罗斯教育科学院下达的任务并在其领导下开展工作。根据组织活动简介邀请专家参与清单修订工作，这些专家分别来自联邦行政机构、俄罗斯科学院、国家级行业科学院、主要科学中心、大学、工业企业。

协调委员会应根据现有优先发展方向清单，在各方向上分别成立专家小组。每个专家小组均应邀请代表相应优先发展方向所有基础专题的主要俄罗斯专家。专家小组的职能包括：为关键技术的修改提供科学方法支持，分析专家研究成果，编写有限领域发展前景总结材料、关键技术说明书。

美国在编制关键军事技术清单时，国防分析研究所（Institute for Defense Analyses）行使与协调委员会类似的职能，美国国防部科技管理局（Office of the Director of Defense Research and Engineering）与俄罗斯科学教育局职能类似。

方法指出，高级专家——专家小组成员包括：俄罗斯科学院和各领域国家级科学院院士和通信领域成员，大型生产企业、科学中心和大学（根据科学教育部的建议选择）、联邦科学创新机构、相关联邦行政机构、俄罗斯科学院和国家级行业科学院专业部门的领导和首席专家。

俄罗斯邀请专家的所属部门与美国类似，且二者的工作方法有很多重合。

根据俄罗斯方法，在各方向的专家小组范围内，专家负责评估创新产品，就优先发展方向和关键技术定义的修改提出建议，针对重要技术领域有前途的发展趋势编写分析材料，编写关键技术说明书。

在修改清单和就其实施情况提出建议时，应组织大规模的专家问卷调查，有大量最活跃的科学家和实体经济部门的专家参与。选择专家参与问卷调查时，应基于不同的方法组合：从直接指定专家为专家小组成员，到通过小范围问卷调查的方法确定。同时应分析俄罗斯联邦财产基金会和其他科学基金会的数据库，以确定最活跃的学者，其中包括在科学出版物的基础上进行文献分析，邀请引用指数最高的学者参加专家小组。参与问卷调查的人员还有：大型项目领导，专业科学中心、大学、工业企业的主要专家，最高学位评定委员会专家委员会的高级专家。

优先发展方向的选择应与国家社会经济发展战略目标的内容相协调。对于俄罗斯联邦，宏观上这些目标主要包括提高国家安全水平。

对于现行清单的每个优先方向，在相关联邦行政机构建议和大范围专家问卷调查的基础上，均应编制重要的有前途的产品和服务清单，未来10年内可能大量使用国内技术研究在俄罗斯企业大规模生产此类产品。

一方面，这些产品和服务应在国内和国际市场上有竞争力，另一方面应在使用国内研究成果的基础上含有大量创新成分。因此，对于每个优先发展方向均应确定具体的产品种类，而且首先应规定研发方向为创造这些产品。

根据国内社会经济发展优先级，在方法框架下应主要使用以下两个标注：

——为国内生产总值的增长、改善俄罗斯经济结构和提高竞争力做贡献；

——保证俄罗斯国家安全，包括其技术安全。

根据下列参数评估其对国家安全（包括技术安全）做出的贡献：

——克服对关键产品和技术进口的依赖；

——与国外相比，国内降低技术工程事故发生风险的技术（在价格和技术特点方面）有竞争力。

专家文件调查结束后，必须编制关键技术说明，包括产品评估的主要特性：

——技术的主要用途；

——组成；

——主要应用领域；

——创新潜力；

——列入关键技术清单的依据；

——该领域拥有最大理论储备量的科学机构和组织；

——估算每年潜在的市场份额；

——国家支持该领域的必要专业措施，能提供最大的产量。

这里需要指出，俄罗斯关键技术说明书和美国关键军事技术说明书的编制方法类似（见上文）。

对于方法中的所有措施，应编制下列材料：

——修订后的优先发展方向清单和关键技术清单；

——每个优先领域最重要且有前途的创新产品和服务清单；

——所有关键技术的简短说明；

——用于评估重要创新产品潜在市场参数的专家问卷调查总结；

——证明关键技术实施前景和创新潜力的材料。

* * *

关键技术清单于2008年继续修订，当年通过了具有重要社会经济意义、对国家国防安全具有重要意义的技术清单（关键技术）（2008年8月25日俄罗斯联邦政府第№ 1243-p号令）。

该清单的典型特征是更关注国防工业综合体专题。其中，新版关键技术清单（35项技术）中包括"生产武器和军事设备必需的特性金属与合金生产技术"。

2009年4月22日，俄罗斯联邦政府《批准俄罗斯科技优先发展方向和俄罗斯联邦关键技术清单的编制、修订和实施规范》的决议为关键技术的确定提供了新的动力[112]。

新规范规定：

—根据现有规范和方法材料（由俄罗斯联邦教育与科学部制定并批准），编制、修订和实施优先发展方向和关键技术清单；

—优先发展方向和关键技术清单应与中长期国家社会经济发展预测与计划中规定的战略目标和优先方向相一致；

—优先发展方向与关键技术清单的编制与修订分两个阶段进行：Ⅰ阶段——编制俄罗斯科技发展长期预测，俄罗斯联邦和外国科技和技术发展趋势的系统分析材料；Ⅱ阶段——检查相关建议，并在此基础上就优先发展方向和关键技术清单问题提出建议。

俄罗斯联邦教育科学部（相关联邦行政机构、国家科学院、科学组织、高等教育机构和国有企业参与）制定俄罗斯科技发展长期预测，以及其他俄罗斯联邦和外国科技和技术发展趋势的系统分析材料，包括：

—分析世界科技和技术发展趋势，评估俄罗斯在国际市场的竞争力；

—根据社会经济和国防建设的战略目标、现有自然资源、财力、材料资源和人力资源，以及科技、技术潜力，确定科技成就领域国家的首要需求；

—分析反映出版活动、俄罗斯学者引用率的科学研究，还应分析专利文件；

—确定俄罗斯必须占据主导位置的主要经济部门，以及保证国家国防安全问题的技术；

—分析创新系统的社会、技术、经济、生态以及政策等方面；

—必要时，使用其他方法评估俄罗斯联邦和外国科技和技术发展趋势。

为了就优先发展方向和关键技术清单问题提出建议，俄罗斯联邦教育科学部（相关联邦行政机构、国家科学院、科学组织、高等教育机构和国有公司参与）应：

——成立跨部门工作小组，并确定其成员；

——建立俄罗斯联邦和外国科技和技术发展的信息分析数据库；

——就科技优先发展方向和技术清单提出建议，以便在政府高科技与创新委员会会议上研究，得到同意后，按规定程序提交俄罗斯联邦政府。

为了检查鉴定由相关联邦行政机构、国家科学院、科学组织、高等教学机构和国有企业提出的有关优先发展方向和关键技术清单的编制、修订建议，以及关键技术实施成果，跨部门工作小组根据各优先发展方向成立专家小组。

专家小组成员包括：科学组织、高等教学机构、俄罗斯联邦教育科学部最高学位评定委员会专家委员会的学者和专家，在联邦和部门专项计划框架下实施的项目领导，工业企业、商业社团、科技活动支持基金会等组织的代表。

专家小组根据建议和关键技术实施成果的检查鉴定结果编写总结，并提交跨部门工作小组审查。

两个清单应至少每4年编写、修改一次。

俄罗斯联邦教育科学部（相关联邦行政机构、国家科学院、国有企业参与）应组织监督关键技术实施成果，以便控制优先发展方向和关键技术清单的实施过程。

* * *

2011年7月，俄罗斯联邦总统批准新版本的科技工艺优先发展方向和关键技术清单。清单含8个优先发展方向和27项关键技术。

清单中的第一项关键技术是"创造有前途的武器、专用军事技术装备所必需的基础关键军事和工业技术"[27]。

此后，2012年7月对关键技术清单进行修改，关键技术增加到38

项（具有重要社会经济意义，或对国家国防安全有重要意义的技术（关键技术）清单（2012年7月14日俄罗斯联邦政府第№1273-p号令批准）），2013年6月，"创造有前途的武器、专用军事技术装备所必需的基础关键军事和工业技术"中增加了"弹药和特殊化学"，清单本身也增加到了44项关键技术[113]。

第 4 章　路线图

4.1　路线图的理论基础

技术路线图法是预测与规划技术发展的重要方法。使用这种方法，可规划单独经济部门或具体公司的技术发展。

这种方法的作用是，预测未来长期某种结果发生的可能性，然后规划取得该结果的最有效的具体措施。这样一来，不是根据实际的可能性和趋势规划，而是根据未来预期结果，为实现该结果修改发展优先级（构建未来）。

作为未来构建方法，技术路线图法与前瞻性技术类似，可作为其组成部分。路线图的特点是非常实际。如果前瞻性中注意力主要集中在创造性的想象力上，路线图更像是传统的进度表。

此时，路线图不是详细的进度表，它只是提供临时目标的进度表上层。可以借助其有效发展各个工业领域的全套技术。这也完全适用于国防工业综合体。

欧洲工业研究管理协会[114]建议的路线图的一般结构如图 4.1 所示。该图显示，在现有科技储备（调查研究）的基础上，考虑到现有资源和技术，在规定时间内，通过最优途径进入新市场或创造新产品。从初始状态过渡到预期未来状态的最优战略可称为主要技术轨道。图中用黑体字标出的要素和各要素之间的联系构成了主要技术轨道。

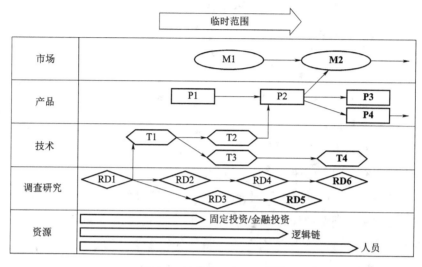

图 4.1　路线图一般结构[118]

在技术路线图中，预测和规划联系通过下列形式实现：

—确定创造产品的目标参数；

—确定现有或预期的有助于达成规定目标参数的技术可能性；

—选择相应的替代技术；

—制订并实施相应有助于达成产品目标参数技术的创造和使用计划[116]。

根据文献［117］，技术路线图的制作过程可分成三个阶段。

第 1 阶段：准备措施。

1.1. 评估现有条件。

1.2. 确定组织和编制程序。

1.3. 确定路线图的规划范围和详细程度。

第 2 阶段：技术路线图。

2.1. 确定路线图的方向标。

2.2. 确定基本系统要求及其目标指数。

2.3. 确定主要技术领域。

2.4. 确定主要技术驱动及其目标指数。

2.5. 确定技术替代逻辑及其框架。

2.6. 就技术发展问题提出建议。

2.7. 编写正式报告。

第3阶段：后续活动。

3.1. 批判性评价路线图。

3.2. 制订实施计划。

3.3. 修改和更新。

让我们一起详细研究下这些阶段。

在制作路线图的第1阶段，应先定义主要问题，需要确认：使用路线图是解决该问题的最有效途径。在该阶段负责决策的相关人员应就所有问题达成一致，尤其是确定路线图的制作步骤。为了成功制作路线图，应完成必要的先决条件。参与制定行业路线图的人员有：该行业不同机构和组织的代表、政府部门和科学组织的代表。在确定其他参数的同时，这些人还应确定路线图的规划范围和详细程度。

第2阶段直接制作路线图本身。该阶段开始，确定目标：确定未来应取得哪种预期未来方案（哪种最终产品或其他具体结果）。最终产品可能是新技术。然后将该产品的关键特征具体化，这些特征是重要的目标指数。然后，对现有技术可能性所涵盖范围进行研究，以评估现有科技储备和确定"白点"。在该分析的基础上，确定有助于规定时间内形成预期产品的主要技术驱动（驱动力和相关条件），还应确定这些驱动的目标指数（苛刻的，对于创造指定产品的目标）。驱动可能是具有合格的专家、必要原材料和能源。这里可以考虑组织行政和财务方面。

在通过系统研究之前所有因素的基础上，可以排列出不同的达成最终目标的途径或轨迹。每种途径都有自己的特点、自己的结点、自己的重要时间点（该时刻必须决定下一步的运动轨迹）。例如，如果为了创造最终产品，必须研究新技术，那么就该考虑必要时间、材料以及其他资源。在此基础上确定评估技术准备程度的关键点，根据其准备程度，可以决定进行下一步工作还是选择其他备选方案。

达成最终目标的所有轨迹的综合，实际上就是路线图。为了使之成为有效的决策工具，还必须补充一些中间措施。另外，必须考虑到不同标准的重要性，根据可行方案的有效程度，对其进行评估和排名，确定较有前途的方案。

第2阶段工作结束后，编写正式报告。报告是获得成果以连通图形式形象化，其阶段是随时间变化的关键因素。形象化示意图上应有详细的文字说明，注明必要的相关信息（建议和解释）。

第3阶段是从预测向规划的过渡。在该阶段将给路线图增补标准状态和文件状态，以便在其基础上进一步制订和实施较低层级的计划。为此，将路线图按规定程序报审和批准。此外，该阶段的最重要部分是，根据实时状态和新出现的因素进一步定期更新和澄清路线图。

建立路线图是复杂、需要开支的劳动密集型过程。根据英国研究数据（分析了2 000多家公司），仅有10%左右（主要是大公司）使用技术路线图；80%左右的公司做过超过一次或在固定基础上开展这项工作。通过研究可以得出公司使用或不使用路线图的原因，如图4.2所示。

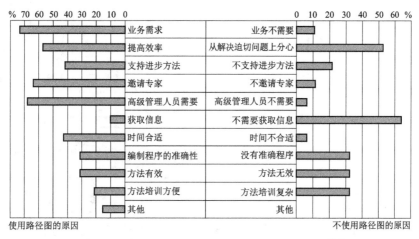

图4.2　从公司角度看，使用路线图的优点和缺点[118]

路线图的最重要元素之一是：用图形表示结果。一个英国科学家小组制定了有趣的类型分类和图形表示格式，如图4.3所示。

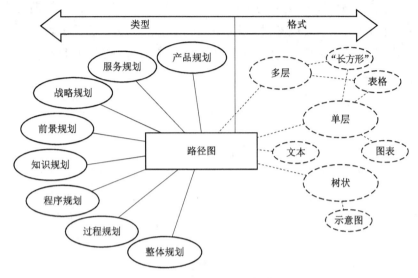

图 4.3　路线图分类[119]

根据结构和内容可分出八种路线图，如表 4.1 所示[115]。

表 4.1

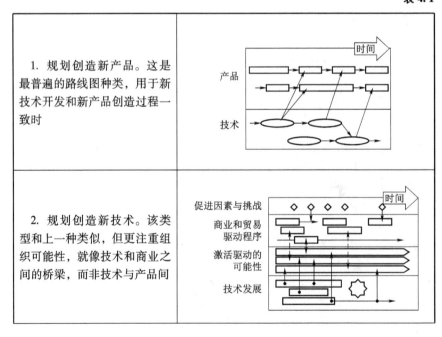

1. 规划创造新产品。这是最普遍的路线图种类，用于新技术开发和新产品创造过程一致时	
2. 规划创造新技术。该类型和上一种类似，但更注重组织可能性，就像技术和商业之间的桥梁，而非技术与产品间	

续表

3. 战略规划。评估对未来可能的战略影响和对商业的威胁	
4. 前景规划。增加时间规划范围，经常进行行业级或国家级交叉	
5. 规划智力资产。现有智力资产及其发展计划与公司商业目标协调一致	
6. 程序规划。制定技术发展项目实施战略	

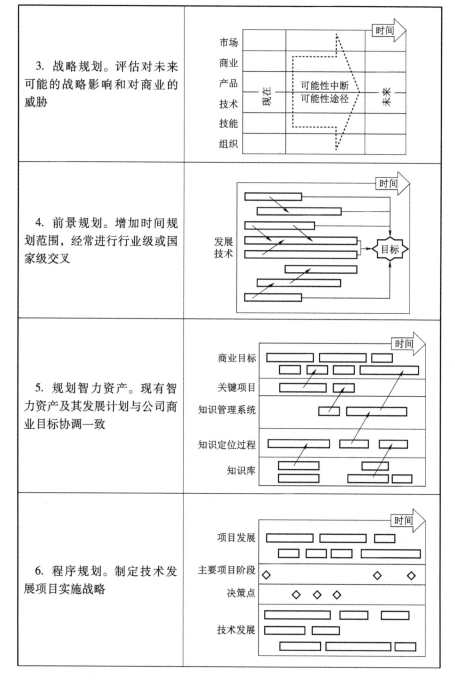

续表

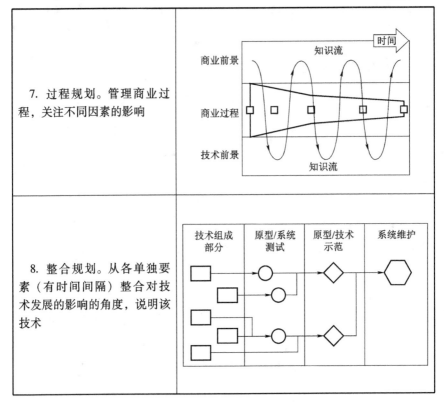

7. 过程规划。管理商业过程，关注不同因素的影响	
8. 整合规划。从各单独要素（有时间间隔）整合对技术发展的影响的角度，说明该技术	

根据图形格式也可分出八种路线图，如表 4.2 所示。

表 4.2

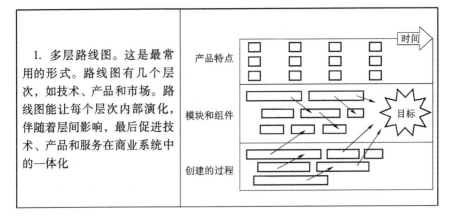

1. 多层路线图。这是最常用的形式。路线图有几个层次，如技术、产品和市场。路线图能让每个层次内部演化，伴随着层间影响，最后促进技术、产品和服务在商业系统中的一体化	

续表

2. "长方形"。很多路线图各层或各子层都是"长方形"。这种形式的优点是能简化和统一各单独过程的结果，有利于其一体化。开发路线图支持软件时，这种形式很方便	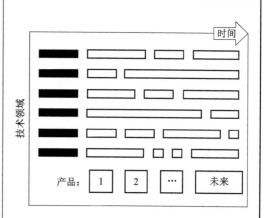
3. 表格。在某些情况下，整个路线图或其单独层级为表格状（时间进度表）。如果有可量化评估的中间结果，或路线图措施按时间分组时，这种方式尤其方便	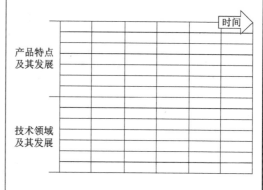
4. 图表。当产品或生产技术可被定量确定时，路线图可以是简单的图表或区域形式	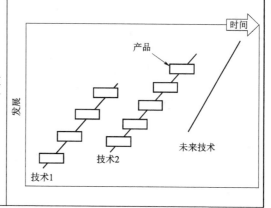

续表

5. 树形结构。在一些情况下，为增加直观性，路线图采用树形结构	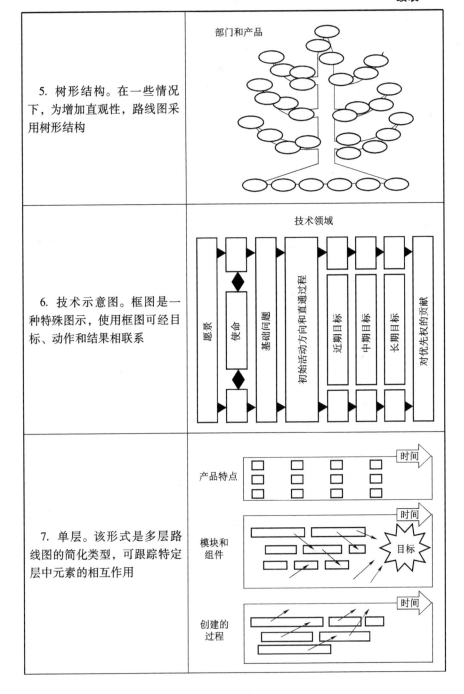
6. 技术示意图。框图是一种特殊图示，使用框图可经目标、动作和结果相联系	
7. 单层。该形式是多层线图的简化类型，可跟踪特定层中元素的相互作用	

续表

8. 文本。一些路线图完全或主要由文本组成，描述问题本身（被列入最传统的图表路线图中）	Technology roadmapping – process（图表内容）

技术路线图是规划过程，是决策人鉴定、评估和选择替代战略，以达成技术目标的工具。

路线图技术本质上与其他规划和分析方法不同。首先，这是以公司在技术创新方面的需求为前提的，如果公司计划在未来进入新市场，则技术创新是必要的。路线图脱离了现有技术可能性，旨在寻找新的解决方案。其次，路线图是以公司或工业部门发展愿景为基础，确定发展必要技术的最优途径。最后，路线图可保证从现在到未来的过渡，帮助公司和组织发现、选择、研究最优替代技术（生产未来市场产品所必需的技术）。

路线图——通向技术创新的第一步（计划）。然后，计划便可实现。

技术路线图是以公司或行业就未来规划重要问题达成一致的基础上建立的。通常研究下列问题：

—公司或行业现在以及将来的状况；

—新型产品（服务）的市场需求；

—是否具备创造这些产品必需的技术；

—创造新的必要技术的合理性；

—必要技术的替代技术，以及通过开展科学研究和试验设计工作满足这些技术要求的可能性。

路线图考虑到供货商在创造规划产品时的角色、人力资源需求、行政和财务事项。

通过是否具有下列因素，确定技术路线图的制定是否合理：

—市场需求快速变化；

—在通过系统研究之前所有因素的基础上，可以排列出达成最终目标的不同途径或轨迹；

—行业内的企业失去市场份额，不能增加其市场份额或扩展到新的市场，或者有严重的竞争威胁；

—企业有良好的未来市场定位，但没有能让该定位实现的战略；

—公司或工业行业不确定未来市场需要哪种技术和产品；

—选择未来发展最优战略时，企业内部没有达成一致；

—行业内每家公司单独进行行业必需技术的科学研究工作和试验设计工作；

—行业内个别企业缺乏创新发展所需要的资源和经验，并有可能从合作中获取。

路线图技术的优势在于，它可以帮助公司、工业和科研组织有效地规划自己未来的发展。路线图有助于：

—预测产品和技术的长期市场需求；

—为行业或单独的公司确定有很大增长潜力的科技领域；

—确定未来使用的、有前途的关键技术，预测可能的技术差距（现有技术），以及未来需要技术间的差距；

—为技术发展战略领域的投资决策提供信息支持；

—尽量减少低效的技术投资的风险；

—扩大协作和机构间合作的可能性；

—新技术开发时协调开发力度；

—为协调研究开发投资提供依据；

—确定技术转让的必要步骤。

技术路线图是保证未来行业竞争力的第一步。

技术路线图存在变种，它们有一个共同的概念框架，但创造方法存在显著差异。对于公司和组织，以及工业行业或国家机构，路线图的建立原则是一样的。然而，在每一种情况下，路线图是根据特定任务建立的。

目前，使用以下类型的路线图：

—工业技术路线图，用于评估和推断市场对技术发展和科技发展战略的制定的要求；

—科学技术路线图，用于众多新技术中的最优选择；

—产品路线图，被公司用来查明与新型特殊产品或服务相关的技术过程、条件和风险；

—规划路线图，被国家或商业机构用来评估单独因素对战略方向和长期计划的影响。

4.2 路线图在美国国防安全领域的应用

美国国防部十分重视路线图在国防安全领域的应用。例如，制定并定期更新军用无人系统开发路线图（2007、2009、2011和2013版本）（见图4.4和图4.5）。

详细分析下2013—2038年军用无人系统开发路线图。

对于美国武装部队，军用无人系统越来越重要。现在军用无人系统的需求持续增加，所以必须考虑一系列未来可能影响该进程的因素。关于军用无人系统开发规划新途径的必要性，美国国防部给出了三个主要原因。

1）西南亚战争已经表明军用无人系统在当地条件下的高效率。据此可以得出结论：无人飞行技术快速整合到联合模型结构是合理的。无人飞行技术（现在搭载在军备上）的可能性应扩大，以满足今天的紧急作战需求。无人系统应纳入各种武器发展方案，以实现必要的战斗力水平、效率、可达性、一致性、兼容性、集成，以及满足未来使用需求的参数。

2）在可预见未来预测经济持续低迷，国防预算减少的背景下，必须找到可行且经济的技术方案：现有作战系统现代化或建立新的作战系统。

3) 不断变化的条件构成对美国国家安全的新威胁。美国国家安全利益的战略转移到亚太地区，这给作战能力提出了新的要求，包括需要在那些由于各种政治原因人迹罕至的地方采取行动。在这种条件下，使用军用无人系统尤其有效。考虑到天气、地形、距离，以及与盟国和东道国频繁协调的必要性，在复杂环境中无人系统的需求逐渐增加。

这些情况的组合需要有前途的创新的技术解决方案。

制定路线图的目的是从国防部利益出发，确定无人系统进一步发展、生产、检测、培训、运行和保证的前景和战略。军用无人系统路线图构成了未来25年科技发展前景，并确定必要作用程序和技术清单，在其框架下国防部和工业应协调其动作。

路线图分析了三个无人飞行操作领域：空中、陆地和海上。该路线图基于各单独军事部门早前编制的路线图，侧重国防部各部门均可能遇到的一般技术和政策问题。此类路线图逻辑使得所有相关方协同工作产生协同效应。

图4.4～图4.6和图4.7列出了2013—2038年新军用无人系统开发路线图编制结果的视觉表现[120]。

如路线图所示，所有无人系统（全自动系统除外）的主要问题是：必须有通信信道、传输数据量、频率范围的分布、无线电系统的抗干扰稳定性。各种无人系统的兼容要求也有重要意义。操作控制系统和数据传输系统，尤其是非独立系统需要使用军用无人系统。对于一些地面和海洋无人系统，为了实现信息交换可使用电缆，但对于大多数移动无人系统，通常使用电磁频谱信号。有时使用声学或光学设备传输信号。

图4.7显示了无人系统全球支持所需的通信网络结构。此时，控制系统接入该结构，说明需要建立共同的基础设施的必要性，一方面，支持管理系统和无人系统之间的通信；另一方面命令系统、管理系统、通信和计算机系统之间，基础设施必须独立于平台（管理平台和无人平台）。通信网络结构是基于使用不同的频段控制系统、通信网关、数据

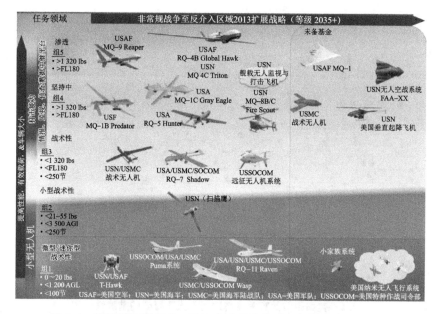

图 4.4 美国国防部 2013—2015 年度无人驾驶飞行器建造远景规划

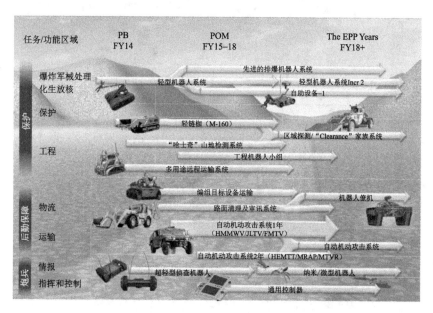

图 4.5 美国国防部有关建造地面无人飞行器的前瞻性计划

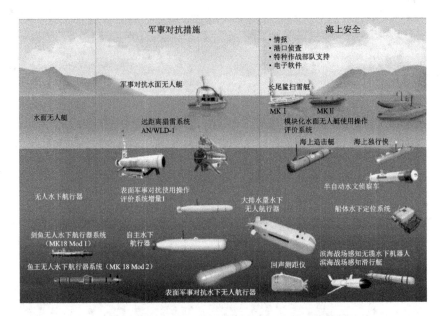

图 4.6　美国国防部有关建造地面无人飞行器的前瞻性计划

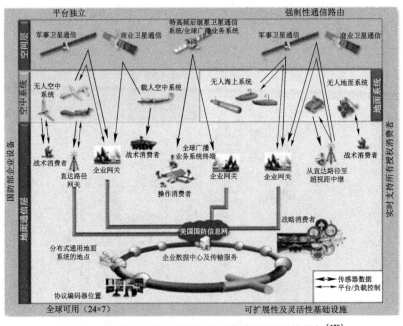

图 4.7　保证无人飞行系统运作必需的通信网络结构[120]

加工和传输中心、无线电节点和地面网络服务建立的。该结构的通信线路既保证了无人平台自身的功能作用，也保证了战术、战役和战略层面的信息传递。这种架构保证了数据处理中心的全球访问，这可使用户在世界各地实时获得必要信息。

支持无人机设备全球鹰（Global Hawk）所需的通信网络结构如图4.8所示。

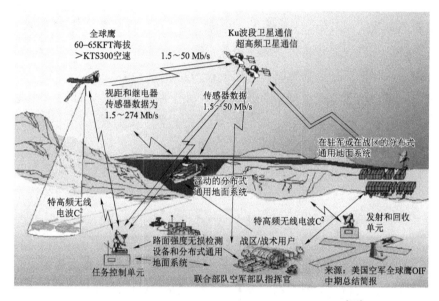

图 4.8　支持无人机设备全球鹰所需的通信网络结构[120]

4.3　加拿大政府使用路线图以发展工业的相关经验

1995年，加拿大工业部在有关支持创新的战略计划框架下，发布技术路线图系列制定倡议（Technology Roadmapping Initiative，以下简称TRM-倡议）。因此，其他部门也加入到该项目中来。

TRM-倡议的理念在于：开发出通用的前景预见并形成国家组织和私人组织之间的动态伙伴关系是取得市场发展成就的重要因素。在推动对话、促进有价值信息收集的同时，技术路线图的制定过程会促使在参与者之间形成伙伴关系，并有助于确定工业级政府规划的优先权。

该倡议得到了政府、工业部门、科研机构及商业组织的支持。在建立系列路线图的工作中，除了国家代表外，还有2700多个公司和约200位大学、科研所及团体的科学代表参与进来。

截止到2011年该倡议结束时，工业部共计参与了39个有关制定主题路线图的项目。

TRM-倡议启动后的第一个五年内完成的路线图开发，主要是针对如航空航天、铝及铝产品的制造、电能、冶金等工业领域。这些早期制定的路线图使政府积累必要的经验并了解了在制定路线图过程中产生的问题，也为政府采取措施制定更加有效的方法参与到该过程中提供了条件。这些经验后来被用到2000年启动的关于制定其他工业部门（生物及制药产品、智能化建筑、海洋技术及光子学）用的技术路线图的工作中。

所积累经验总结及系统化工作的成果表现为工业部于2000年制定的《参与技术路线图制定工作国家服务人员指南》[122]。现详细解读本指南中包含的一些建议。

在对工业部的经验进行描述的同时，建议的制定者指出，起初，正是工业部作为在不同工业领域路线图方法的基础上进行研究的倡议提出者。工业部进行的分析表明，加拿大的工业部分已经达到了实现新技术发展目标规划所必需的水平。

分析的结果被传达到各个工业部门领导处，技术路线图方法被推荐作为此类规划的手段之一。同时，工业部为进行此类工作提供了全方位的支持，包括部分财政支持和全部财政支持。后来，其他部门也响应工业部的倡议加入进来。

政府对技术路线图制定程序的支持分成几个阶段实施。

1. 提供资料并进行分析

加拿大工业部最重要的贡献之一在于提供了各个经济部门状态的原始资料。这些资料为进行制定路线图筹备工作的原始信息。通常，这些资料包含有关各个行业事态的原始信息，有关被使用资源、变动的外部因素、当前经济及生产统计资料、加拿大公司的产能、领域技术创新、生态问题、与其他领域之间的联系、国际统计资料、现有及未来市场趋势、人力资源及人才培训领域的状况等方面的信息。

这些信息可帮助工业部门确定在出现新的市场、新的技术及新的职权范围情况下的发展战略。工业部同时还为工业部门理解和解决在建造路线图过程中需要研究的问题提供协助。

2. 不同部委参与的协调及支持积累

主要联邦部委或局，最主要的是加拿大工业部，可在技术路线图的制定中做出主要的贡献，包括调动其他政府机构的资源，包括财政拨款、经验、科研人员的调用及其他协助。

路线图可在国家间合作、多部门和机构参与的框架下制定，以联合各种资源，使成果最大化。

在路线图制定的最初阶段，部门间合作可促进路线图制定时所使用政府资源分配的合理性。

3. 概念性方案展示及路线图制定优势的描述

当确定的工业部门从技术路线图制定中受益变得明朗时，政府可作出关于利用自身专家的经验以为路线图的制定提供帮助的决定。在该情况下，政府官员将向工业部门展示路线图的概念性方案，并预先得到部门领导的支持。同时，路线图的制定应由工业部门执行，而政府的作用在于为该工作提供支持。

在该阶段还需最终商定政府财政支持的确切信息，并确定路线图完成后，国家对研究和开发提供财政拨款的可能性和方法。应向科研机构及个别学者咨询，以形成专家网，而专家的经验和想法可促进路线图的制定。

4. 引入必要专家及协调工作

路线图的建立要求不同团体及专家的参与。路线图制定程序可引入领域内最大的公司、关键客户及执行方，行业供应链参与方，个别专家——技术人员、市场战略人员、政府专家、经济分析师、政治家、学者及工程师等。不同参与方代表不同的观点。数量较大的参与方及参与方构成的多样性是重要资源，可被成功分配，用于组织关于制定路线图的有效工作，例如，可作为指导委员会的成员，技术工作组或其他工作委员会的成员。在该阶段，政府代表掌握了参与方权限的大量信息，可为工业代表在分配角色及协调不同参与者的参与活动的工作中提供帮助。

5. 限定公务人员及路线图工作人员的权限

在该阶段，国家机构的作用在于对财政拨款进行管理，并控制资金流量。所有关于路线图的筹备工作应直接由工业部门实施。

除了财务管理外，还可在解决技术任务及协调任务方面提供协助。例如，可与领域关键参与人员进行协商，以确定其对工作结果的感兴趣程度。此外，部委专家也可参加指导委员会的组建，查清并引入相关专家，确定路线图工作量及接线，或参与有关保密措施制定的工作。

当路线图制定程序被开发出来并投入实施时，国家机构代表的作用变成协调并为以下步骤实施日程提供帮助。

6. 保证国家拨款及相关辅助性服务

加拿大工业部及其他国家部门根据以下条文为路线图的制定提供财政支持：产业调研、工业展示、路线图建造过程中的研讨会、会议室、文件、翻译、打印机网页管理。工业部保证支付参与人员的交通、住宿及饮食费用。

平均下来，加拿大工业部为每个路线图约划拨了 125 000 加拿大元的资金及部门工作人员的工时。某些路线图是在有三个国家公务人员按照固定工制参与的情况下制定的。国家公务人员提供有关工业部门的信息及分析材料、秘书服务，并在报表制定和提供协调服务方面提供协助。

7. 保持与联邦部门、机构、组织及政治家之间的联系

协助部门制定路线图的国家公务人员可向工业部提供有关感兴趣问题的辅助信息。问题包括：政策问题，可能会对路线图产生影响的国家倡议及国家规划，有关对科学研究和试验设计工作提供财政支持的机构的信息，以及有关和其他联邦部委、大学及其他科研机构合作的可能性

的信息。

国家代表也可在将信息及在商讨路线图过程中产生的想法转交给政治家、为研究及路线图研制工作提供财政支持的机构和组织时，简化信息反馈。这些反馈信息可帮助政府更加有效地为加拿大的工业创新提供助力。

8. 流程的监控

在可合理组织项目设计管理程序及报表提交程序的情况下，所有的项目参与者及监控机构可被固定告知项目实施进程或被告知为获取最终结果而进行的必要的修改。

政府代表的功能之一可归结为：对工业部及国家机构履行其所承担的责任的实施情况，而该部分责任可能会对该程序的成败产生明显影响。

9. 成果推广

在公布后，路线图应在工业及政府科研机构进行推广。主导国家部委可将路线图以文件的形式在网页上公布，并应任何感兴趣机构，包括科研机构、私人企业、省级政府、大学及学院的要求发送给这些机构。

加拿大政府对路线图研制流程提供支持的主要阶段如下：

政府提供支持的程序应被妥善规定。在该程序的框架下，规定政府公务人员（一般为负责相关工业部门的部委的员工）在实施支持的各个阶段的活动。根据以上所述，在理论基础章节，加拿大政府使用经典的三阶段式方案制定了被引入该流程的员工的详细建议[122]。应详细查看所述建议。

第1阶段：筹备措施。在初步阶段，路线图研制的倡议者应保证路线图启动的必要条件，找到对项目成果感兴趣的机构、工作领导人员及参与人员，并确定路线图的工作量及界限范围。

路线图研制程序启动及政府代表参与的阶段性详细计划见以下描述。

某些筹备措施可同时或按照相反的秩序进行。例如，单个部门事态的研究可由政府专家在之前完成，可用于其他目的，不取决于路线图的制定，而该研究已有的成果则可由政府提供并在研制路线图主要参数时被使用。当路线图制定的意向在于对相关工业领域的事态进行调研时，也可能出现相反的情况。

现对构成初步行动阶段的步骤进行研究：

1.1. 对目标工业部门的状态进行研究（若在此之前，未进行此类研究）。

若政府主要的行业专家谈及领域内紧急事态，则这将成为加拿大工业部或其他政府机构对该关键部门的研究提供资金的依据。该领域专家在这种情况下应连同相关行业专家、其他政府机构的专家工作，以收集该部门事态的信息，并对新旧市场、现有技术及领域内科学技术储备进行分析。该研究将成为实现路线图程序的原始资料。

1.2. 确定其他政府部委及机构的兴趣度。

在路线图制定过程中研究的程序、涉及领域及技术的程序，对不同的国家机构具有不同的利益。这些国家机构可根据其对建造路线图结果的兴趣度按比例分配其在研制路线图中的作用。在将工业部门引入路线图的研制之前，加拿大工业部应将其概念性方案展现给所有感兴趣的国家机构。

1.3. 确定工业部门的兴趣并将其引入路线图研制中。

工业部门兴趣点的确定应在确定与行业内专业协会或其他工业联合会确定联系（若存在联系）之时起进行。若存在类联系，则必须在确定与相关行业协会或其他工业集团的联系之时起开始确定利益相关工业部门。

在与行业协会或商业代表会见时，需对进行有关建立行业路线图工作的必要性进行论证。若已经进行过行业情况的调研，则可呈交调研结果的分析，以表明路线图是必要的。同时，需对实施工作的价值进行论证。

在引入其他资源之前，工业部中主导该主题的部门需确定工业部门是否对制作路线图具有足够的兴趣、是否做好参与该工作（包括提供资金）的准备。为使工业部门能够对其所承担的责任进行评估，加拿大工业部或其主导部门应提交有关建造路线图所必需的劳动量、造价及时间的信息。而工业部门一方则应表现出承担进行整套工作的意向，并意识到这意味着将自己的上级领导引入工作中，而这一点并非总能得到理解。

加拿大工业部必须确定其为支持该过程可以提供的协作的数量、拨款的期限及援助规模。同时，工业部还必须保证工业部门不应期待为路线图研制结果而提出的提案的实施工作提供后续资金支持。为吸引注意力并引起高层工业部门足够数量领导的关注，有可能需在长达几个月的时间内和公司领导多次会面。

若政府不是路线图制定的倡议者和推动者，则此时政府代表必须领先一步行动，并评估行业所表现的兴趣是否足够继续进行路线图的研制。工业部门是否准备好此时花费其他资源？是否有公司愿意在更宽泛组别框架下与其他公司合作，以达到共同的技术目的？在工业部门方面未明确表达对制定路线图的需求时，政府参与制定路线图的项目不应被启动。

最后，可允许有限数量的确实准备花费必要时间和精力的公司参与到路线图创建的工作中。这些公司则应做好根据共同的纲要在联队的框架下工作的准备，并可考虑将来为整个行业的利益在研究和设计中进行合作。

参与人员还应预先说明可能会导致冲突情况的问题和事件的类型，商定所有细节，以免后期陷入争议性问题的商讨中。

1.4. 为工业部门从对制定路线图感兴趣的工业企业中选出领导者提供援助。

因为路线图的制定需要很多的时间及很大的经济投入，而该程序应具有从有意向从该工作中取得具体好处的项目参与人员全体中选出的公认的领导企业。工业部门应领导这些力量并做好积极利用这些结果的准备。该程序需要领导者，且该领导者最好是行业中的主导性机构。加拿大工业部可协助工业协会选取该类领导者，但最好是项目参与人员自行确定。

1.5. 协助成立组委会。

组委会成员应由行业专家、学者、技术研究人员、分析人员、经济师、大学老师、国家政治人员或人才专员、行业供货商及订货商代表等构成。同时还需要有确定行业需求、技术驱动及经济和市场趋势方面的专家，进行技术备选方案评估的专家，具有路线图开发经验并可对路线图制定流程进行管理的专家。

该类组委会的建立大约需要半年的时间，而后，其他参与人员可加入到工作中。组委会大多数成员应了解工业特点及路线图框架下被研究的技术的领域。

组委会人员的数量构成需根据具体情况确定。并且，组委会不应规模太大，以不致造成利益冲突。

1.6. 协助组委会成立支委会及工作组。

组委会确定必要的支委会的数量及其功能。根据参与人员的数量及程序的复杂程度，可有以下方案：

技术委员会——应负责路线图研制程序，而技术工作组则应在该框架下工作。技术委员会对工作组的行动结果进行概括并将其提交给组委会。

协调委员会——需对所有其他委员会的力量进行协调，以保证信息的有效交换和工作的有效组织。

方法指导委员会——开发创建路线图的方法依据，包括确定每个技术工作组的目的。方法指导委员会成员应包括工业部门代表、政府代表及科学机构代表。

成果运用委员会——负责成果的运用及路线图开发中制定出建议的实施，特别是实施共同的科学研究项目。成果运用委员会应负责使成果运用及建议实施的过程在路线图相关工作结束后不至于进入死胡同。组委员的某些成员应进入成果运用委员会中，以保证在路线图工作初期制定的看法与路线图程序的结果之间的继承性。

管理委员会——负责工作的组织及安排，包括安排会晤、规划、筹备研讨会，执行秘书处职能，收集所有由技术工作组制定的报告，以及最终报告的制定。因为政府提供支持，该委员会将主要由加拿大工业部或其他部门的代表构成，也可引入协调员这一特定职位。

国家公务人员、项目经理或顾问可作为协调员。担任协调员的人应为了解路线图研制过程的专家，而非路线图内容的专家。其应了解技术路线图的研制方法，但不承担工业规划或技术规划。协调员保证不同工作阶段之间协调一致，并对旨在提高每个参与者投入效率之间的互动进行管理。为成功完成其任务，协调员应在所有被商讨的问题上能保持不偏不倚，并将其所有的注意力集中到路线图的研制而非路线图的内容上。协调员履行其功能，直至完成有关路线图制定的工作。

1.7. 在确定行业前景方面向组委会提供协助。

在组建所有有关制定技术路线图的工作组之前，组委会确定行业的基本发展前景，并对研制技术路线图的目的及任务进行描述。在进行前景描述时，应集中在预期的结果上，以确定何种技术和产品是行业应优先发展的，以达到预期结果。在分析前景时，工业部门应对其当前的状况进行评估，并确定其后期发展的方向。所表述的前景应能为确定长期目标提供条件。这不仅对研制路线图的程序是重要的，也对在路线图建议的基础上了解科技发展综合性规划的后续研制具有重要意义。

在该阶段组织综合性工作有效的方法为"头脑风暴"，可最大限度地了解各种概念及观点。

有时，组委会没有时间或不具备相关的资源来对将来可能出现的所有方案进行研究。在这种情况下，比较合理的方法是通过节省头脑风暴所耗费时间，并安排专家通过电子邮件进行互动，或是向专家提供有限数量的替代性概念，以便其进行研究。

1.8. 在确定路线图规模及范围方面向组委会提供协助。

在最初阶段就确定路线图的规模及范围是很重要的。组委会确定所有参与者所共有的路线图研制目的。在前一阶段确定的行业发展前景为确定路线图规模及范围的依据。发展前景研究应包括现状评估（其中，现状为发出建立路线图倡议的原因）、路线图制定及成果使用相关工作的时间界限等。期限设定如下：例如，路线图筹备时间为一年，而与路线图相应的新技术的研制为3~6个月。

1.9. 在确定路线图研制所需时间及财务费用方面向组委会提供协助。

研制路线图需要投入大量的资金并引入高水平的专家。实施期限为两年的技术路线图的研制成本一般为 200 000~250 000 加拿大元（根据临时劳动协议引入的专家所需的费用未计算在内）。

属于直接费用类别的有：行业现状信息的收集及其分析，网站的建立及其月维护，举行研讨会、会晤并安排出差，管理人员、中间协调人员、咨询人员、程序表设计人员、办事人员、文件翻译人员及传播人员。政府及商业部门的参与人员应共同承担这些开支。

程序制定的速度及效率取决于资金提供是否足够。例如，如果财务预算方面的限制导致参与人员在电话会议的模式下或通过网络会议的方式工作，则参与人员之间互动的质量和效率将会显著降低，而这会导致参与人员的动机和工作质量下降。

在表 4.3 中注明了最终报告制定并将其发布在网站上之前预计所需的投入。

表 4.3

路线图研制程序中的各个组成单元	预估费用/加拿大元
技术路线图研制合理性评估	10
为对概念进行讨论并从相关部门选取参与人员而举行的部门间会议	—
组委会（主要由工业部门代表，包括行业"领袖"组成）及秘书处组建	20
行业状态信息的收集及信息分析	50
研讨会（在路线图研制阶段）	25
行政管理（扫描复印、电话、来访客人接待及安排等）	15
路线图方案制定	50
信息来源（其他路线图、图表、报告、专利、技术资料等）	10
翻译	10

续表

路线图研制程序中的各个组成单元	预估费用/加拿大元
文件制定（PDF 文件、图表及修订）	10
网站（制定及翻译）	15
合计	215

1.10. 制定路线图概念性方案以备组委会及政府机构进行后续审核。

在启动有关研制路线图的作用之前，组委会及相关资金提供机构的代表应制定并协商技术路线图的概念性方案。该文件将确定路线图研制的目的、方法、局限、风险、成功系数、原始状态，制定路线图的基本目的、阶段、进度、预估费用（按照时间和工作量细分）、各个阶段参与人员的工作职责及预期工作成果等。概念性方案指定整个程序中各个参与人员取得一致理解的依据和其在该程序中的作用。在概念性方案上签字后，各个参与人员即承担完成该程序并达到所示目的的职责。概念性方案也可被用于路线图研制进程的评估。

1.11. 保密协议。

在研制路线路的某些情况下，无须制定保密协议，因为所研究的技术处于不太成熟的阶段，且在该阶段还不具备竞争性。但若路线图的研制程序要求参与人员公布其具有知识产权的信息，则签订保密协议是较为合理的。

第 2 阶段：路线图的研制。在该阶段，主要工作由工业部门完成，而政府仅提供支持。在该阶段，需选定某些技术，这些技术可实现在上一阶段选定的技术路线图概念性方案。分析为使行业将来可达到最大竞争优势，哪些技术是必要的。对现有技术的基本参数和对其发展产生影响的因素进行评估，同时对可能的替代性技术及时间范围进行评估。

通过该阶段的工作，制定政府及工业部门适用的有关前瞻技术的发展及必要研究和开发的开展方面的建议。

现对该阶段主要构成部分进行研究。

2.1. 确定技术路线图的目的及任务。

根据组委会制定的概念性方案，项目所有的参与人员共同（或仅组委会）确定路线图的目的及任务。目的根据预期达到的结果确定，而该成果可确定行业为达到所述结果必须发展哪些技术和产品。任务则需要对所述目的进行细化。

2.2. 工业部门确定其客户的远期需求。

为确定工业部门应集中力量发展的方向，必须在对现有产品及服务、客户、供应商、所使用原料和材料、能源等进行描述的同时对行业当前的状态进行分析。而后，工作组应依据市场发展预测确定：哪些产品和服务为消费者所需要，应如何对生产流程进行调节以使其符合这些需求。同时，为避免进行专门的研究，通常可选取标准的市场营销报告作为市场发展预测。

2.3. 确定关键产品和关键技术。

该步骤为最重要的步骤之一。在对行业内流程及预期结果分析的基础上，制定出经由商定的前瞻性产品及技术要求。该步骤的工作要求参与人员进行广泛的讨论并弄清是否存在严重的分歧。若参与人员不能达成一致观点，则为了克服分歧，采用方案规划比较合理。在该方法的框架下，将对若干个实施方案进行研究。如果若干个实施方案中表明存在相同（或相近）的产品和技术需求，则应选取这些实施方案作为依据。

最终路线图根据产品的复杂程度，可集中在若干技术及其构成部分上，其中，这些技术及其构成部分用于制造产品。然而，在工作过程中，对研究的问题范围进行限制是比较合理的，以同时在多个方向上开展工作。若参与人员认为必须对若干技术或其构成部分进行研究，则他们可将其他工作组的代表引入工作中。

2.4. 确定关键产品和技术的基本参数。

当参与人员确定必须将某些产品或技术加入路线图中后，他们应确定对产品和技术进行定性的基本参数。例如，针对燃料电池问题的路线图，可将环保性、能效、安全性及可靠性作为其基本参数。

2.5. 主要技术领域的确定。

在参与人员确定关键产品及技术的基本参数后，他们应确定为达到这些参数而必要的基本技术发展方向。例如，这有可能是和材料、能源、生产系统、程序一体化、建模及建模系统、抗污染系统等相关的技术。

2.6. 确定必要技术发展的时间范围。

必要技术应得到发展的时间期限将根据工业行业发生变动。当为高科技工业部门时，该时间期限平均为8～10年，但在创建新产品或技术时，时间范围可为长期。在某些技术变动比较慢的行业，如油气或电能行业，期限可达30～50年。

在政府支持下研制的路线图一般针对处于生命周期竞争前阶段的技术的发展。在该阶段工业部门将对基础技术进行基本调研及开发，其中，这些基础技术被视为长期远景规划技术发展的基本潜力。当行业对处于竞争前发展阶段的技术进行研究时，公司不进行产品创建、调研及开发的前景规划。

公司准备参与共同竞争前活动的时间范围将根据行业及公司之间的关系发生变动。例如，若公司制定新产品或技术的五年计划，则该公司未必将参加时间期限为八年的路线图的相关工作。在该情况下，除了对时间期限为八年的预测感兴趣外，公司还应关注其现有开发及知识产权的相关信息。另一方面，若几个公司不具备自己的有关创建新的产品或服务的大规模计划，则这些公司将从合作获取在路线图研制过程中联合资源及交换信息的好处。

确定公司用于开发技术时间期限的最重要的条件为从发展该技术获取竞争优势的速度。研究及开发中的领先地位会在知识产权方面提供竞争优势。领先将新产品推入市场具有关键性意义，且为占领主要市场份额的主要手段。

2.7. 技术驱动的确定。

参与人员应确定选取前瞻性技术的基本准则。这些准则将成为技术驱动；它们将对采取有关技术发展的方案的程序进行控制。技术驱动可包括：在生产过程中使用的材料及能源的可用度及造价，产品或产品创建不必要的生产流程对环境的影响等。

参与人员应针对每一项技术驱动制定相应的目的。在确定这些目的时，需参照最终产品或技术的主要特性。例如，对于具体的行业，矿产资源燃料是一个问题，且可预见到该问题将变得尖锐。因此，矿产资源对环境的影响将成为技术驱动之一。在经过讨论后，参与人员可为该技术驱动制定目标指数：通过使用生态上环保的可再生洁净能源，并在维持当前活动的情况下，在2020年前将矿产资源燃料的使用量降低为原来的二分之一。

2.8. 确定技术逻辑替代方案及其时间范围。

在确定技术驱动及相关的目的后，参与人员需开始查清用于达成这些目的的替代性技术方案。对于难以达到的目的，可能需要突破性发展几项技术；或也存在相反的情况，如新技术的存在也可能会对形成若干新的目的产生影响。针对每项查明的替代性技术方案，路线图研制程序将对技术成熟的时间表，也即达到的目的及启动的进程进行预测。

若具体的技术未被确定为优先发展的技术，则参与人员可对平行开发多项替代性技术的合理性进行研究。当对多项替代性方案进行研究时，应在创建路线图的时间表上确定作出选取优先方案并将非前瞻性方案剔除的时间节点。

2.9. 选择替代性技术方案。

在该阶段，参与人员应选出最优的替代性技术方案以进行后续开发。替代性技术方案的选择根据价值评估、时间范围、产能及其他因素分析进行。采用某一方案可能会更快达到目的，另一方案有可能造价更加便宜，第三套方案可能风险更大（例如，因为有可能存在科学技术储备），而第四套则有可能会因为开发时间更长而会保证更快地提高产能，等等。参与人员应考量所有的情况并确保其所选择的替代性技术方案为最佳方案，可创造预期的最终产品，或是开发出为创造预期最终产品所必需的技术。

同时，正确对市场进行评估也是极其重要的。评估最重要的准则之一是：如何在可保证获取最大限度产能增长的更长开发时间与使产品更快投入市场的需求二者之间做出选择。有时，产能相较目标值增长20%可弥补额外的时间投入或造价的增加，但在某些情况下，即使是产能提高两倍也不能补偿产品延迟投入市场所带来的不利影响。

还可能出现更加复杂的情况。例如，某一具体的技术可促进达成最近的目标指数，但无法促成远期目标的达成。或者，技术可满足当前的要求，但不能促进未来目标的达成。第二种情况中指的是突破性的革命性技术。革命性技术不能满足迫切的要求，且通常会因为现有的技术而被忽略。然而，相比现有的技术，革命性技术可显著提高产能及优化目标指数的程度。若所提交的技术路线图未对长期、更大范围的前景进行评估，则公司通常不会考虑突破性技术。

在建立路线图的过程中，参与人员还应确定在创建产品时从一项替代性技术过渡到另一替代性技术的时间。为此，可使用分析工具或模拟的方法。

2.10. 行业新技术开发及实施所需科教项目的支持。

为开发新的技术，必须储备具备为创建和使用这些创新的必要技能的高水平工作人员。因为加拿大政府在教育及人才培训过程中扮演着重要的角色，其可利用自身的能力为地方权力机关在采取有关理论教育项目及科学项目的战略决议方面提供支持。因此，在对教育和培训问题进行研究时，路线图开发参与人员应引入负责该方面工作的联邦部门和省级部门。

2.11. 技术路线图报告的制定。

工作组的每次会议都应以文件形式记录下来，以确定已完成的工作内容及在该阶段获得的成果。在整个路线图研制期间，该工作应经常进行。在整个路线图研制程序结束前，每个工作组应制订其工作方向框架下针对具体技术的活动计划。而后，组委会应对这些报告进行整合，以形成一个有关路线图的最终报告。该最终报告应包括关键因素的信息，而这些关键因素可能会引起阻碍路线图中所规定程序的实施的事态。

第3阶段，后续活动。研制技术路线图的专家组，构成人数相对不大，因此，为保证其被纳入活动计划中，路线图应被提交进行更加广泛的批评讨论。

为使技术开发过程不会在有关路线图研制活动在形式上终止时被终结，参与人员应制订实施路线图中所示建议的计划。该计划提出相对应的投资方案并确定其实施的方法及期限。

最后，因为工业需求及技术能力发展，实施计划应包括对路线图进行阶段性检查及更新的相关状况。

3.1. 对技术路线图研制结果进行批评性分析。

路线图的最终报告草案应在大量工业部门代表（评论者）中分享，以使代表们对其进行仔细的研究并对其进行检查，或提议进行必要的修改。应向评论者提出需要解决的具体问题，例如：

若对所推荐的替代性技术方案进行开发，是否会达到指定的目标指数？

替代性技术的使用是否合理？

是否有重要技术被忽略？

建议是否真正被执行？

所推荐的措施是否能在规定的期限内完成？

工业部门专家批评意见的收集可通过开展一次或若干次研讨会的途径进行。同时，必须保证公司、机构的代表及个人以专家的身份出席。并且，应做好准备，该专家组将会提供大量的意见及路线图的相关更改。

3.2. 组织信息反馈：对所有参与人员的意见进行统计。

组织信息反馈可为组委会将路线图的研制程序安排得最有效提供条件。路线图开发人员的基本团队应保证以与所有参与人员保持信息反馈的形式进行互动，特别是在关于路线图迫切性及其开发的合理性评估的问题上，同时也应在提高路线图研制过程效率提案收集的问题上保持互动。同时，必须厘清参与人员打算将来如何使用路线图。

在该阶段，参与路线图研制的政府主导部门应协助制订有关实施已经经由处理的建议的工作计划。权力机关将在该计划的基础上制订研究及开发的资助计划及教育、学者倡议。主导部门可与工业协会合作，以促进公司将路线图作为技术发展战略性规划及商业规划的工具。最后，政府主导部门可将路线图发送给为科技开发提供资金的机构，以使这些机构在后期为必要研究提供支持。

3.3. 制订实施计划。

路线图的最终报告应提供足够的信息，以便做出技术开发选择并采取投资方案。在考虑到所推荐替代性技术方案的情况下，实施委员会将制订出实施计划。该计划要求行业内不同的机构相互合作，以进行必要的开发和研究（有可能的话，还可与行业协会相协调）。

公司协作为最佳方案，但若大多数潜在参与人员不准备在研究和开发时进行合作，且不愿意分享获取新技术的权利，则单个公司可实施自己的科研项目。

3.4. 更新。

应定期对技术路线图及其实施计划进行检查和更新。随着时间的流逝，要求对在路线图初期开发基础上制订的投资计划和决议进行更改。当生产新产品的控制期限接近时，市场及技术方案选择的不确定性将显著降低。如此一来，应定期对路线图中进行市场及技术描述的部分进行检查。在对路线图进行更新时，参与人员可确定或去除过时的程序并根据变化的现状对其进行适应性调节。

4.4　加拿大政府将路线图应用到国家安全及国防中

现以军事装备技术路线图（图4.9）为例，对加拿大政府将技术路线图应用到国家安全及国防中的情况进行研究。

该路线图的制定工作于2007—2014年进行，并分几个阶段进行。国防部及工业部为该项目的倡议者。此外，还有若干其他国家机构，包括加拿大社会工作及政府服务机构、外交及国际贸易部、加拿大国家科研委员会。工业部门则有加拿大国防工业协会、国防及安全技术领域的公司业务网代表。同时，还引进了科学院协会代表。

国防部在项目中承担接收结果及协调参与人员活动的责任，同时也

图 4.9　军事装备技术路线图封面页

负责提供技术网络的行政支持、工作组活动及包括政府代表、科学界及工业部门代表在内的组委会的工作。加拿大国防工业协会（Association of Defence and Security Industries）包括 950 多家国防企业，负责参与人员网络的创建和协调，并作为参与人员之间联系的纽带。工业部门及科学团体参与路线图参与人员及工作组网络的运行，并作为工业部门、科学院协会及军事机构要求之间的纽带。加拿大社会工作及政府服务机构根据现有的要求对采购进行监控。

根据所采取的路线图研制方法，军事装备技术路线图的研制分三个阶段进行：

——筹备措施（2007—2008 年）；

——路线图的研制（2009—2011 年）；

——后期活动（2011—2014 年）[123]。

路线图制定的目的在于，对建造加拿大未来士兵用前瞻性装备的可能性进行研究。

路线图作为政府保证工业部门、科学团体及其他科研机构在对加拿大军队的军事装备进行优化的框架下进行合作的创新型工具，必须安排好信息的交换，并组织对为加拿大士兵提供更加实用的军事装备的可能性这一问题进行研究。

与工业部门的双向联系有助于保证更好地优化加拿大武装力量的目的与最近5~10~15年工业能力的对接。在某些方面，军事装备技术路线图与其他路线图是相似的。其区别在于，传统的技术路线图为工业公司使用，以对其自身的技术发展进行规划，而军事装备技术路线图结果的最终使用者为加拿大国防部（Department of National Defence，DND）。此外，早前进行了绘图，确定了必须为加拿大国防部开发的900多项技术。

军事装备技术路线图为所有加拿大开发的技术路线图中最庞大且最复杂的路线图。路线图的对象领域为：能源，致命性武器及非致命性武器，C4I系统（指挥、控制、通信、电脑和情报集成），传感器，个人防护设备及集体防护设备，系统集成手段。

针对每个对象领域，举行了为期两天的技术研讨会。研讨会分四个单元进行，而每个单元则严格根据标准程序进行，这可保证最终针对每个对象领域形成专家清晰的观点。每个研讨会开始，加拿大国防部的专家都进行一系列主题展示，对具体对象领域的未来需求进行解释。继而，在研讨会的过程中，参会人员——工业部门代表、科学界代表及政府代表进行圆桌会议（每张圆桌旁有10个人），指出需要确切的问题并对得到的信息进行讨论。研讨会在第二天涉及国防部未来需求及现状之间的脱节和相关问题，其目的在于，尽可能清晰地查清现有的脱节，并指出解决问题的途径。

技术研讨会举办得非常成功，约有1 200名工业代表、政府代表及科学界代表参加了研讨会。代表们共确定了被研究对象领域的20个主题方向。针对每个主题方向，确定了：

——左指数（为达到所选主题方向的总目标并排除已查明问题而必须做出的更改）；

——技术问题及要求（为达到所申报目的，包括技术要求而必须解决的技术问题）；

——对技术发展的要求（现有需要修正或优化以解决已查明的问题的

技术，或全新的技术）；

——优先领域的研究及开发需求（在前瞻性技术发展框架下应实现的具体研究和开发领域；对这些领域中已完成研究进行介绍）。

所有研讨会的结果被汇编成一份总计400页的终期报告。报告中包括对加拿大武装力量未来需求的全方位分析，并指明了工业部门及科学界为满足这些未来需求需要集中力量发展的方向。

技术研讨会是军事装备技术路线图研制最重要的环节之一，因为计划在将来实现路线图中陈述的建议，并决定了开发专门的软件以提高该程序参与人员协同工作的效率。软件开发的目的在于，保证工业部门、科学院协会及政府之间的有效互动。该软件包含专门的受保护数据库及程序参与人员使用的网络论坛。

通过军事装备技术路线图的研制：

——加快了加拿大国防部在已查明优先领域内研究和开发工作的步伐；

——在最终报告及行动计划的基础上开发出创新性提案；

——保证关系方（工业部门、科学界及政府）合作用对话平台；

——编写军队对由政府、工业部门及科学界实施的研究及开发的中期（5～10年）需求及长期（超过10年）需求。

4.5 俄罗斯路线图利用经验

在俄罗斯，路线图在现阶段常被理解为由专门部委或部门制定的、发展某一技术方向措施的纲要。该计划由俄罗斯联邦政府核定，而计划中所规定的措施则由负责的国家机构在实施国家或联邦专项计划的框架下实施。

例如，措施纲要（《路线图》）《信息技术行业发展》[32]，措施纲要（《路线图》）《复合材料生产行业发展》[29]，措施纲要（《路线图》）《光电子技术发展》[30]等属于上述计划。

此类文件从形式上看，为表格文件，包含同步基础规划属性，如措施的名称、相应执行者、执行控制期限、总结文件的形式及成果内容描述（图4.10）。

措施纲要			
执行者	期限	文件形式	成果
I. 研究及开发的发展			
1. 光电子中长期科技前瞻开发（技术路线图）	俄罗斯工业和贸易部，国家高科技工业产品开发、生产及出口促进集团，俄罗斯技术集团，非营利性国际科技组织《激光协会》（根据协议）	2014年3月，在2016年至2018年进行更新	分析报告（包括3年、5年至10年预测）	对光电子学科技发展进行预测

图 4.10　措施纲要（《路线图》）《光电子技术发展》的片段

除以措施纲要的形式对路线图进行应用的实践外，在制定长期前瞻性（至2030年）科技发展预测（2014年1月经由俄罗斯联邦政府核定）时，也用到了路线图。当时，使用了在开发科技和创新有限发展方向路线图过程中获取的成果；其中，该路线图的开发在联邦专项规划《俄罗斯2007—2013年度科技综合体有限发展方向研究及开发》的框架下进行，且该专项规划由封闭式股份有限公司"战略合作集团"（Strategy Partners Group）在履行国家合同[124]的过程中为俄罗斯联邦教育和科学部实施。

制定科技和创新有限发展方向路线图依据最佳国家经验及路线图设计的国际惯例开发，并与研究性国立高等经济教育大学的专责专家商定。

产品组路线图为确定产品组发展的临界系统要求、产品组内单个产品前景、产品发展所必需的科学研究及替代性技术等的文件。

形式上，路线图由几个层次构成，而这些层次按照一定的逻辑相互联系。根据被研究的课题，路线图的层次可为：

—使用范围/市场；

—产品；

—技术；

—科学研究；

——发展驱动因素；

——发展条件（图4.11）。

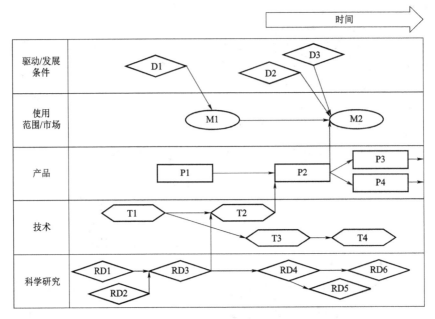

图 4.11　路线图视图示例

路线图包括若干个与被研究技术或产品相对应的层级。

路线图的开发方法意味着与路线图对象领域内专责专家进行合作（见图 4.12 中 5 个关键阶段）。

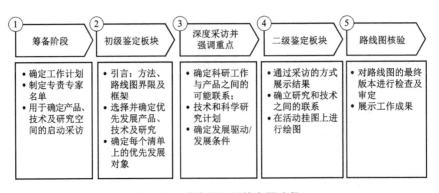

图 4.12　路线图研制的主要阶段

在开发路线图时,信息源的来源非常广泛,其中主要的信息源为:
——国家科技发展优先项目(关键技术、技术平台的清单);
——俄罗斯及国家出版的统计数据(SCOPUS)及专利影响力(世界知识产权组织WIPO)的统计数据;
——俄罗斯及国际科技发展前瞻性报告;
——实验路线图中被研究对象领域主导专家的观点。

除了科技发展长期前景预测筹备(图4.13)外,在路线图开发过程中所获取的结果被建议在编写俄罗斯联邦科技发展领域国家政策时使用,也可用于编制并实施国家科技政策的国家权力机构的行动中。

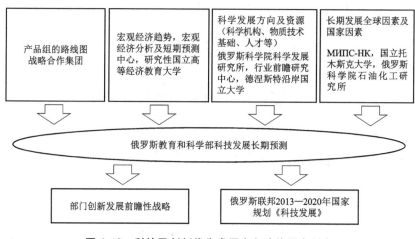

图 4.13 科技及创新优先发展方向路线图在制定俄罗斯长期技术发展预测中的地位

其中,依据路线图可制定/确定:
——国家规划;
——俄罗斯联邦科学、技术装备及技术优先发展方向清单;
——俄罗斯联邦关键技术清单;
——技术平台清单;
——国家控股股份有限公司、国有集团公司及联邦国有统一制企业创新发展规划。

第 5 章 国防工业技术发展规划

5.1 科学技术储备创立的程序性规划方法

早在 1920 年 2 月，在制订著名的俄罗斯国家电气化委员会计划时，已经奠定程序性规划的理论基础；该计划成为首个国家经济发展前瞻性综合规划。而后，该经验被用于国民经济发展五年计划的开发中，其中包括为保证国家安全及国防利益的科学技术储备创建计划。

科技发展规划于 1972 年在科技发展综合规划的框架下启动。在制定该文件的过程中，启用了俄罗斯科学院主要学者及俄罗斯国家科技委员会、国家计划委员会、俄罗斯中央统计局及一系列其他部门的专家。

综合规划的前瞻期限为 20 年，有多个汇编部分构成，其中包括针对技术前瞻的《长期科技发展任务》，旨在在科技发展的行业、地区及国外经验进行研究的《科技发展主要方向》及致力于基础研究的《科学发展》部分等。

因此，根据苏联共产党中央委员会及部长委员会于 1979 年 7 月 12 日下达的 № 695 指令《关于改善规划及加强经营机构对提高生产效率及工作质量的干预》，在将综合规划与相关国民经济发展五年计划对接的情况下，对其进行了更新。在指令中规定：选择最有效的、保证达到最优终极结构的途径，将行业发展与区域发展、前瞻性计划与当前计划结合起来，完善行业之间及行业内部份额，保证经济平衡增长为改善整个计划工作的最重要方向。

作为综合规划的目标，确定了：

——解决经济问题的综合方案，将精力及资源集中起来以实施最重要的国家规划，并允许使用仅局限于某一部门的方法进行计划的制订；

——加快实现针对提高劳动生产及产品质量增长速度的科技开发和研究；

——合理利用生产资源、材料资源、劳动资源及财务资源；

——正确确定优先发展行业方向；

——成立保证经济均衡发展所必需的材料储备及资金储备。

同时，苏联国家计划委员会根据指令应在强化前瞻性计划的作用、广泛使用专项规划的方法、实施经过科学论证的技术经济标准和规范的基础上，将规划的内容提高到新的质量水平。

同时还规定了综合规划更新的严格程序。根据该程序，苏联科学院、苏联国家科技委员会及苏联国家建设委员会应开发20年（分成五年计划）的科技发展综合规划，并在例行五年计划启动前两年内将该规划呈交到苏联部长委员会及苏联国家计划委员会；同时，每五年需对综合规划进行必要的确认并制定接下来五年的新规划。

苏联科技发展的最后一个综合规划于1991—2010年期间制定。针对经济互助委员会的成员国也制定了类似的规划，其中，最后一个规划于2000年之前制定。

5.2 国家及联邦专项规划

科技发展规划的专项规划方法在转变成国家及联邦专项规划系统后，在现代俄罗斯实践中继续得到积极的应用。

联邦专项规划的制定及实施方法由俄罗斯联邦政府于1995年6月批准（2014年1月对其进行了一系列修订）[125]。

根据该文件，联邦专项规划为一揽子根据任务、实施期限及资源而被结合起来的科研措施、试验设计措施、生产措施、社会经济措施、经营组织措施等。其中，这些措施用于保证更加有效地解决俄罗斯联邦国家发展、经济发展、生态发展、社会发展及文化发展领域的系统性问题，同时也保证经济的创新性发展。

专项规划为实现国家组织政策、科技政策及创新政策，对国家社会经济发展产生积极影响的重要手段之一，且致力于实现大规模、对于国家来说最为重要的、旨在解决权力执行机构职权范围内系统问题的投资性项目、科技项目及创新项目。

专项规划可包括若干在其框架下解决具体任务的子项。应根据所需解决问题的规模及负责程度，以及合理解决这些问题的必要性，将专项规划分成若干个子项。

草案制定及专项规划的批准包括以下主要阶段：

—制定专项规划概念性方案的草案；
—俄罗斯联邦政府作出制定专项规划草案的决议并对专项规划的概念性方案进行批准；
—制定专项规划草案；
—在有专项规划国家订购商出席的情况下，在公共委员会会议上对专项规划草案进行初步商讨；
—对专项规划草案进行协商；
—对专项规划草案进行鉴定；
—在俄罗斯联邦政府会议上对专项规划草案进行研究；
—根据俄罗斯联邦政府的意见对专项规划进行修订；
—由俄罗斯联邦政府对专项规划进行批准。

专项规划的子项根据专项规划所适用的方法制定、批准并实施。

在选取相关问题以制定专项规划并在联邦层次予以解决时，需要遵从以下因素：

—有待解决问题的意义；
—在使用现有市场机制的条件不能在可接受的期限内较好解决问题，且为解决该问题必须寻求国家支持；

——技术措施、组织措施及其他措施具有完全的创新性和高效性，且对在大范围内推广先进科技成果及在该基础上提高社会生产效率是必需的；

——为解决该问题，对与技术相衔接的领域及生产的行业之间联系进行协调是必需的。

在对通过在联邦层次上解决该问题的必要性进行论证时，应考虑俄罗斯联邦社会经济发展的优先方向及目标，结构政策、科技政策、创新政策的方向，全国需求及资金发展预测，国家经济、社会及生态状况的分析结果，外部政治条件及外部经济条件，关键技术，以及国际协议等。

专项规划的概念性方案应包括以下主要章节：

——对所需解决的问题及专项规划的目标与俄罗斯联邦社会经济发展优先任务的符合性进行论证；

——对使用专项规划方法解决问题的合理性进行论证；

——在不使用专项规划方法对所研究领域内所形成的问题情况的发展进行预测及问题情况的特点；

——确定解决问题的可行性方案，并对在使用不同问题解决方案时所产生的风险及优点进行评估；

——使用专项规划的方法解决问题的预计期限及阶段；

——专项规划任务及目标、目标系数及指标方面的提案，其中，这些指标可允许按年份对专项规划的实施进程进行动态评估；

——有关专项规划资金数量及来源的提案（针对整个规划及其单个方向）；

——对所推荐问题解决方案的预期效率及结果进行初步评估；

——有关负责组织及实施专项规划的联邦权力执行机构的提案；

——有关专项规划国家订购方及专项规划开发者的提案；

——有关专项规划实施方向、期限及阶段的提案（在变动的基础上）；

——有关专项规划措施形成机制的提案；

——有关专项规划实施管理方法及可能的形式的提案。

专项规划的概念性草案由国家订购方连同相关联邦权力执行机构，以及军事工业委员会在俄罗斯联邦政府出席的情况下协商确定（其中包括保证国防、国家维权活动及国家安全的措施的专项规划）。

国家订购方将经由商定的专项规划概念性草案连同说明发送到俄罗斯联邦经济发展部及俄罗斯联邦财政部。当专项规划的概念性草案得到俄罗斯联邦经济发展部及俄罗斯联邦财政部的肯定性评估，则俄罗斯联邦经济发展部会将经由商定的草案提交至俄罗斯联邦政府，以供其作出决定。

* * *

相较联邦专项规划，国家专项规划具有更高的前瞻性规划等级，并囊括联邦专项规划及包含其他部门专项规划、国家权力机构单个措施在内的子规划。

俄罗斯联邦国家规划制定、实施及效率评估的方法由俄罗斯联邦政府于2010年8月批准（2013年10月进行了最新的修订）[126]。

国家规划为在任务、实施期限及资源、国家政治工具上相互关联的措施构成的系统；其中，国家政治工具用以保证在实施国家关键职能的框架下国家政策在社会经济发展及国家安全领域内目标及权重的实现。

国家规划的制定及实施由联邦权力执行机构连同相关联邦权力执行机构、其他主要联邦预算资源管理机构一起完成；其中，联邦权利执行机构由俄罗斯联邦政府确定为执行国家规划的主要责任方。

国家规划包括：

—国家规划说明书；

—子规划说明书；

—联邦专项规划说明书；

—国家政策的权重及目标；

—国家规划及部门专项规划的清单及特性（并规定其实施期限及预期结果）；

—相关领域内的为达到国家规划目标和/或预期结果的主要权利调

整措施，并规定必要法律、法规文书的主要条款及采用期限；

——有关国家规划的目标指示器及目标指数的清单及信息，其中包括对国家规划实施计划值的说明；有关国家规划实施措施及其实施结果与目标指示器及目标指数之间相互关系的信息；

——有关联邦预算资金为国家规划提供资金保障的信息。

国家规划的制定依据俄罗斯联邦政府所批准的国家规划清单实施。

国家规划清单草案由经济发展部及财政部依据联邦法律制定，同时应考虑联邦权力执行机构的提案。联邦法律规定国家规划的实施，以执行俄罗斯联邦总统及俄罗斯联邦政府的个别决议。

为确定对国家规划草案制定及实施过程中报告制定及国家规划效率评估的要求，经济发展部在2012年12月制定了俄罗斯联邦国家规划制定及实施规定[127]。根据上述规定，在考虑以下原则的基础上制定国家规划：

——需在社会经济发展长期目标及达标指数、战略性文件条款统计的基础上制定国家规划；

——需最大限度地涵盖社会经济发展领域及联邦预算的拨款；

——为国家规划设定其实施在社会经济发展领域或对保证俄罗斯联邦国家安全方面的可测量结果；

——整合为实现国家规划目标而采取的调节措施（立法措施、执法措施及监控措施）、财政措施（预算措施、税收措施、海关措施、财产措施、贷款措施、债务措施及货币措施）；

——确定负责国家规划实施（达到最终结果）的联邦权力执行机构；

——国家规划的主要执行方、协同执行方及参与人员是否具有为达到国家规划的目标所必需的、足够的权限及资源；

——定期对国家规划实施的结果及实施效果进行评估，其中包括引入独立专家进行外部鉴定，对独立专家在解决优化经济发展及经济创新性发展方面问题中所做出的贡献（包括对其修订或长期停止的可能性的评估）的评估、规划实施效果不佳情况下相关职能人员责任的认定。

国家规划的目标应符合国家规划实施方面国家政策的权重，并应确定实施国家规划的最终结果。

目标应具备以下属性：

—特殊性（目标应与国家规划实施范围相符合）；

—具体性（不允许出现可能会导致任意性解释或多义性解释的模棱两可（模糊不清）的表述）；

—可测性（即可对是否达到目标进行检测）；

—可达到性（即可在实施国家规划的期限内达到目标）；

—相关性（目标的表述与规划实施的最终结果相符）。

目标的表述应简单明了，且不应包含用于其他目的、任务或结果的专门术语、说明，而这些术语为目标达成的结果。同时也不应包含达到目的的途径、方法及手段的描述。

通过解决国家规划的任务以保证达到目标。国家规划的任务确定相互联系的措施实施的结果或在国家规划实施目标框架下实施国家功能的结果。

所制定的任务应对达到相应的目标是必需的，且是足够的。

在设定目标和任务时必须保证有条件对目标的达成或任务的解决进行检查和确认。

国家规划效率的评估方法为国家规划实施过程中的实际效率评估及根据实施结果进行评估相结合的方法。效率评估的方法应基于国家规划结果评估，并应考虑针对规划实施的资源量，以及会对俄罗斯联邦社会经济发展相关领域的变化产生影响的实施风险及社会经济效益。

所研究的国家规划效率评估及其制定、实施的方法并不适用于国家武器规划，即10年期武器装备及军事装备研制、建造及生产联邦规划。该联邦规划由联邦法《有关国防订单》规定。下面，我们将对该规划制定的特点进行研究。

5.3 武器装备系统发展专项规划

武器装备国家规划为一整套根据实施目标、任务、发展方向、资源及实施期限商定好的措施。这些措施应保证通过现代武器装备、专用军事技术装备将俄罗斯联邦武装力量保持在必要的水平，并应从标准文件要求及新面貌要求出发，同时考虑国家划拨必要财力资源以生产所需武器装备及专用军事技术装备的可能性。为达到该目标，计划将主要的力量集中到以下方向：

—战略性武器装备系统的平衡发展；

—武器装备现代化样本及前瞻性样本的成套供应，其中供应对象也包括兵团级常备部队；

—建立可保证高精度武器使用的基本信息管理系统；

—建立科学技术储备，并保证最新系统及武器装备样本的研制；

—保证现有武器装备能维持战备状态。

武器装备国家规划在年度国防订货[128]的框架下确定。国防订货为俄罗斯联邦政府法规所规定的供货任务、执行工作，为联邦提供服务以保证俄罗斯联邦国防及安全，以及根据俄罗斯联邦的国际义务，提供俄罗斯联邦与外国军事合作领域的产品。

国防订货可由以下部分构成：

—有关武器装备和专业军事技术装备建造、优化的科研工作及试制设计工作，以及退出使用的武器装备和专业军事技术装备的回收及销毁工作；

—有关发展机构的科研、设计、生产工艺基础以保证国防订货实施，同时提高俄罗斯联邦经济动员筹备的工作；

—提供武器装备、专用军事技术装备，以及原料、材料及配套产品；

—提供军用器材、粮食产品和非粮食产品；

—进行武器装备和专用军事技术装备的维修、现代化改装、服务，以及退出使用的武器装备和专业军事技术装备的回收。

在俄罗斯联邦总统签署有关例行财政年及计划期[129]的联邦预算联邦法令后，俄罗斯联邦政府对国防订货及其实施措施进行确认。

为执行有关国防订货的联邦法令，俄罗斯联邦政府于2013年12月通过了国防订货的拟定及其主要指标的规则[130]。该规则规定了国防订货拟定的方法及其主要指标，确定了国防订货的构成及俄罗斯联邦政府下属的军事工业委员会、国防订货国家订货方及其他相关联邦权力执行机构及组织之间的相互作用关系。

根据该规定，军事工业委员会承担了制定实施国防订单草案及其主要指标工作的计划进度表。其中，在该计划进度表中，需确定工作的内容、执行顺序及期限，执行方以及所提交的文件或材料。

计划进度表中应包括：

—有关确定国防订货的产品、工作、服务（产品）的预测价格的工作；

—有关制定国防订货主要指标的工作；

—有关制定国防订货参数及主要指标提案的工作；

—有关制定与编写国防订货草案及其实施措施相关的材料的工作；

—有关编写国防订货草案的工作。

计划进度表由军事工业委员会主席审批，并在计划进度表中所规定的工作启动前一个月内送达国家订货方及其他相关联邦权力执行机构和组织。

计划进度表对所有参与人员实施工作是必要的。

国防订货草案分两个阶段制定。第一阶段，根据国防订货的主要指标及相关预算拨款的分配制定提案，确定国防订货的主要指标的构成，制定国防订货参数的提案（可根据产品名称、体积及预测价格）。第二阶段，制定国防订货的草案，而该草案需被提交到俄罗斯联邦政府。

国防订货主要指标的提案由军事工业委员会协同参政部及经济发展部依据国家订货方提供的资料，在制定例行财政年及计划期联邦预算草案时制定。

国家订货方根据与预算计划相关主题的协定及计划进度表，将有关国防订货主要指标及预算拨款额度的提案（包括其论证材料的附件）呈交到军事工业委员会；其中预算拨款用于为国防订货的产品供应提供资金保障。

国防订货的构成由军事工业委员会在根据国家订货方提案制定国防订货草案的过程中确定。

* * *

俄罗斯军队武器装备系统发展专项规划方法形成的时间为20世纪50年代末60年代初。涵盖种间性质问题的初期科研工作于20世纪70年代初完成。其中，俄罗斯国防部第二十七中央科学研究所发挥了重要作用，其工作人员制定了解决种间性质问题的方法的基本原理。在该时期形成的武器装备系统发展规划的方法及原理为该领域通用方法的基础。

当前，俄罗斯国防部第四十六中央科学研究所为俄罗斯联邦国防部在武器装备、专用军事技术装备项目规划、武器装备国家规划草案及国防订货制定领域的主导科研机构。

正如第四十六中央科学研究所主任——俄罗斯联邦功勋科学工作者、技术科学博士、教授 B·M·布列诺克[131]指出的：在制定武器装备系统发展专项规划方法中，第四十六中央科学研究所自20世纪80年代初就开始发挥其主导作用。当时，对军队在武器装备和军事技术装备方面的需求的论证方法（以解决所有设计任务）已经建立在实现武器装备发展系统化、军队武器装备系统与和平状况及可能出现的战争状况中的任务系统相符、武器装备和军事技术装备平衡性、优先选择等原则上。

20世纪80年代的规划方法主要是针对武器装备和军事技术装备开发的最终结果：是否能达到长期远景目标。其中，该目标是根据军事政治前瞻、作战战略前瞻、科技及军事经济前瞻，并考虑科研基础、试制设计基础及工业基础的实际能力确定的。

虽然俄罗斯的第一个武器装备国家规划（1996—2005年，也即武器装备国家规划 ГПВ-2005）是根据统一的目标和原则制定的，但依据的是单一的方法。在制定规划的过程中，考虑并在一定程度上协调了其他强力部门（内务部、联邦安全局、联邦边防局、联邦政府电信局、联邦铁道兵部、联邦紧急情况部）的军事技术需求及相关的财政拨款预算来源。因此，该规划被赋予国家规划的地位。

接下来，在对制定武器装备国家规划流程进行研究时，B·M·布列诺克教授指出，在开始制定武器装备国家规划ГПВ-2005前，确定了由八个阶段构成的流程（见图5.1）。

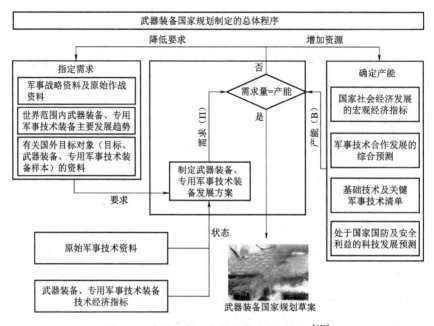

图 5.1　武器装备国家规划草案论证总图[131]

第一阶段，主要研究任务是对有关武器装备系统发展计划实施的目标、资源及条件的原始信息进行处理。

第二阶段，对规划初期武器装备系统的状态进行评估。为此，俄罗斯所有武装力量采取行动，而后，对有关部队中武器装备、军事技术装备技术状态的信息进行汇总。

第三阶段，确定计划期内武器装备系统要求：需要解决何种任务，应具有何种效率，常规部队的装备水平如何等。

第四阶段，确定计划期内武器装备系统发展原则，并在该基础上确定武器装备国家规划的制定及实施规划时应该解决的任务。

第五阶段则在已经制定的原则及要求的基础上制定武器装备及军事

技术装备样本的初始清单，这些样本应包含在武器装备国家规划中。

在制定武器装备国家规划的第六阶段，应考虑在现有经费量预测的基础上确定武器装备系统发展资金划拨方案。并根据这些研究结果，对各个方案的资金分配进行确认。

第七阶段，应针对经由确认的拨款对象选定一个或若干个武器装备系统的合理发展方案，并进行其军事经济及技术经济评估。

最终阶段，也即第八阶段，根据划拨的资金量制定武器装备国家规划的草案。该工作的依据为在第七阶段制定的武器装备系统合理发展方案。

2006年11月，武器装备国家规划 ГПВ-2015 通过俄罗斯总统令被批准。其第一个五年计划基本完成了95%（根据金融指标），而这充分证明了该国家规划制定时所有采用的组织原则及方法的合理性。

在制定武器装备例行国家规划（2011—2020年）的过程中，形成了其基本的法律基础。其包括概念性文件，如俄罗斯联邦 2020 年前国家安全战略，俄罗斯联邦 2020 年前武装力量建设基本方向，俄罗斯联邦 2015 年前及以后军事政策原理、军事学说，2020 年前及以后俄罗斯联邦在科技发展领域的政策原理，俄罗斯 2020 年前长期社会经济发展方案等。

这些文件的内容为制定武器装备系统长期发展互连计划（ГПВ-2020）及国防工业长期发展计划（《俄罗斯联邦 2011—2020 年国防工业发展》联邦专项规划）的依据。该规划体系旨在保证国家对武装保卫主权及领土完整方面需求、保证军事工业在俄罗斯联邦军队技术装备的能力，以使军队完成其所肩负的任务。

第 6 章 技术发展规划流程特点分析

6.1 技术发展规划的方法

在该书中,技术发展规划被视为创新过程的管理要素,在其框架下,可实现保证军事技术装备完善的前瞻性技术的开发。

提高对划拨用于开发航天技术及其他技术密集型的军事技术及专用技术的款项的使用效率的强烈需求为将优先权转移到科学技术储备领域的决定性因素。

在武器装备及军事行动指导方法动态发展的条件下,必须将创建科学技术储备的方法从标准指令型规划转向问题指向型规划。其中,问题指向型规划应针对扩大前瞻性航天设备的能力,不仅应满足现有的要求,同时还应满足在新技术实际开发基础上产生的需求。

在对技术发展规划程序的特点进行分析时,应对世界经验中著名的、针对类似程序的方法进行详细分析。

首先,不可忽视 20 世纪中期军事技术政策制定中出现的典型性趋势,也不可不注意到工业最发达国家近二三十年的进步军事技术[132]。其关键在于最大限度地集中规划和技术前瞻。对此,北约主导国家(美国、英国、法国)的军事技术政策就是最好的证明。该趋向的实施反映在这些国家的科技规划中。

当前占据统治地位的整合性规划方法就是基于这样一个观点建立的：技术规划的好处就在于其可对当前的规划进行补充。所指出的趋势将会使规划扩展到外推规划初始范围外的过程（即在不明显修改的情况下，可为在早前经济条件下采取的武器装备及军事技术装备发展规划系统），其特点应表现为从规划的决定论模式转变为非决定论模式这一点更加明显。

实际上，决定论方法规定：应根据相关的需求进行技术开发，且特定的技术仅符合特定的需求。在逐次解决问题的方案中，对技术规划的要求可归结为查清技术和需求及其商定。在该情况下，外推规划中的另行允许直线性则规定：技术参数或条件的线性趋势将自动促进远景目标的达成，就如它们会促进未来发展阶段目标的达成。

与此相反的是，已经通过主导国家实施史无前例的军事和科技规划实例中证明其效率的科技活动的现代战略性规划，建立在承认以下规则的基础上：

—技术发展会带来诸多可能性结果；

—问题或一系列问题具有诸多科技方案；

—技术开发可构成开发系统的一部分，且应同时符合在系统框架下的战略。

在考虑以上规则的情况下，制定作为战略性规划程序的技术发展规划程序的基本任务如下：

1）查清预测-计划期的因果联系。该任务重要的原因在于：必须避免形成不正确的或者人为的相互关系，而该相互关系有模糊长期规划问题并通过插入短期关系进行替换的趋势。

2）寻找发展同时满足限制性条件及系统大多数要求的技术的战略，其中规划就是针对完善这些技术而制定的。该任务重要的原因在于：必须考虑到，前瞻性技术质量方面的规划应建立在综合的功能性方法的基础上。

3）将非线性替代性规划列入研究范围。该任务是由保证某些发展方案的优先性所决定的。这些发展方案首先考虑其实施的战略性意义，这与依据投资回报最大化制定的一贯的重要性排序是不同的。

现今所观察到的、上面所指出的客观趋势，要求在武器装备及专用军事技术装备发展管理过程中将力量转移到科学技术储备创建方面。研究的管理应具有不间断性质，且针对的是超前科学技术储备的制定，将研究及开发订货方资金和规划集中在最具优先性的技术方面等。其中，这些技术对发展武器装备及专用军事技术装备（包括航天设备）的前景具有一定原则性意义。

需要指出的是，除了上述技术优先性准则外，还必须考虑技术的通用性及转化潜力。在过去的规划时间中，忽视这些准则已导致航天领域开发的极少数技术被应用到民用产品的生产过程中。若在技术发展规划阶段考虑过上述准则，则可对国产民用产品在世界市场上的竞争力产生显著的影响。

技术发展规划归根到底应具备合适的方法，可对技术优先性的等级进行评估，并在完善武器装备及专用军事技术装备的方面实现其发展的有效、合理规划。

使用这样的方法可简化并局部系统化在优先技术基础上建立超前的、问题指向型学科技术储备领域做出决策的程序。

任何与做决策相关的情况的典型特征在于，存在大量的可能性行动方案，而必须从这些方案中选出最佳方案。这里，我们需要从为改善武器装备及专用军事技术装备而开发的技术清单中选出最具优先性的技术，并制定针对其实施的科学研究工作的课题。

技术发展规划过程中的任何决策总会同时导致若干结果。这一点也是说得通的，做出决策的人员所支配的资源总会受到一定的限制，例如，倾向于某一方向的发展不可避免会减缓或终止其他方向的发展。相应地，为做出最好的决策，必须掌握可对每个可能性方案的优缺点做出最客观的评估的方法。

决策方案应理解为目标及使用现有资源达到该目标的方法的一定组合。在规划时做出的决策的主要构成部分为所选择的优先技术及实现该技术开发时进行的科学研究工作的课题。

形成超前科学技术储备的技术组合有很多，对它们中的每一个组合进行评估是不可能的。因此，必须找到一种方法，可保证能避免选取明显不合理的方案。如此一来，找到最佳决策的任务可分成两个部分：第一部分为从诸多可能的方案中选出合理的方案（优先级别更高的技术组合），第二部分则为制定为实现合理方案所必须进行的工作清单（也即科学研究工作的课题）。

考虑到每一种可能会同时造成若干结果，对可能性决策进行对比评估时必须依据相应的指标系统进行。指标的评估实际上是根据一定准则进行的，该准则反映了选择某一技术的结果与订货方当前的总目标及远景目标的匹配程度。

根据以上所述，确定技术的优先性及针对武器装备和专用军事技术装备优化的技术发展的规划可按照以下方式制定：

根据为发展武器装备和专用军事技术装备而开发的技术清单及用于创建前瞻性技术的科学研究工作的总量，并结合考虑武器装备和专用军事技术装备所面临的任务和所划拨的资金量，需制定合理且均衡的科学研究工作课题，要求该课题能够保证建立具有超前性的、问题指向型的科学技术储备。

如此一来，任务实际上表现为与资源分配相关的规划任务。为实现该任务，可采用综合性方法。其中，该方法的基础为两种解决问题的途径：

第一种途径主要在于，确定创建及发展某些技术的优先性。其中，这些技术的实施会为在规定的程度上解决武器装备和专用军事技术装备的任务提供条件，而这些任务在当前处于最低的解决层次。

第二种途径在于，需根据订货方在制定科学技术储备方面军事技术政策目标的优先性，确定可对技术实施结果进行定性的指标进行重要性的排序。

制定任务的解决可对后期的一些问题做出解答。其中，这些问题对武器装备和专用军事技术装备发展前瞻论证及创建科学技术储备规划的实践活动具有重要作用，具体包括：

—如何确定技术对提高武器装备和专用军事技术装备主要功能技术特性水平的影响？
—如何确定某一技术对形成用于完善武器装备和专用军事技术装备的优先等级？
—如何在分析科学研究工作预期结果对发展优先技术的促进作用的基础上，对预期结果的重要性进行评估？
—如何确定用于实现优先技术的科学研究工作的合理课题？
—如何更加合理地确定划拨用于发展武器装备和专用军事技术装备的资源（在用于形成科学技术储备科学研究工作课题的拨款方面）？

并且，应强调的是，在上述布局的框架下，解决局部性但具有重要实用意义的研究任务就显得重要起来。这些局部性研究任务包括：

—选定武器装备和专用军事技术装备主要功能技术性能并对其相对重要性进行评估；
—确定相关任务技术实施的优先性，其中，这些任务的实施拟采用武器装备和专用军事技术装备的新样本；
—对某一技术对提高武器装备和专用军事技术装备主要功能技术性能水平的作用进行评估。

虽然上述每项任务都有其各自的特性，但从方法上来看，所有任务都可被归入一个统一的方法系统的框架下，而该方法系统旨在确定用于完善武器装备和专用军事技术装备发展的技术的优先性及其发展规划。

在研究技术优先性及其发展规划方面的问题时，应详细研究目前已采用及正在采用的解决问题的方法。建议以军用航天技术装备及宇宙火箭技术装备领域技术发展规划的经验作为研究范本。

早在 20 世纪 70 年代，在不建立超前性的科学技术储备的条件下无法有效实施国家航天规划及航天设备方面的武器装备国家规划已经成为稳固的观点。建立超前性的科学技术储备的必要性与建造宇宙火箭技术装备有关：宇宙火箭技术因技术本身的特性，必须借助最新的科学及技术成就。在表 6.1 中给出了建造及使用航天系统的独特性。如表 6.1 所述，航天技术装备使用环境的特点及其使用特殊环境、使用方对宇宙火箭技术装备的目标要求等都规定了技术开发的高水平，以及在不同科技方向进行有关创建新技术的科学研究和试验设计工作的必要性。

表 6.1

宇宙空间的独特属性	对航天系统的特殊要求		航天系统使用的特殊条件
	功能性要求	技术性要求	
失重；高真空。 温度急剧变动（-80 ℃～150 ℃），且变动周期性高（1.5 h）。 多因素的、综合性作用（在地面条件下、和平年代不存在）： 1）穿透性辐射； 2）强辐射； 3）太阳光线的直接作用等	为用户收集和提供信息的普遍性及灵活性；信号的高通过性及抗干扰性；多功能性，具有很高的信息价值，可对地面的任何区域进行综合观测；实施任务的全天候性及全季节性；可收集大量信息在航天器中进行处理	超微型化；具有很高的抗振、抗加速及抗机械腐蚀性能；具有抗辐射及放射的性能；能耗小；具有较长的有效使用寿命	需在不进行维修和维护的情况下长期使用；需在宇宙体高速运动的条件下对集中在近地空间内的复杂的技术系统进行远程控制；航天器需能在很长的时间内自主行动

需要指出的一点是，建造复杂的技术密集型宇宙火箭技术装备是一个长期的过程，持续时间可达 7~10 年，或者更长。该过程需广泛吸收科学机构及工业机构方面的协作。因此，前瞻性航天设备的研制首先应依靠具有前瞻性的技术。现有制定并论证建造宇宙火箭技术装备的长期规划实践活动基础的是长期专项规划方法，其中包括航天设备开发长期前瞻规划及 15~20 年系统性规划的阶段。通过实施这些研究，对 5~10 年期建造航天设备（与地面设施连接成一个复杂的技术系统）的合理方案进行论证。

在为期 10 年的武器装备国家规划框架下，在航空设备方面需考虑一系列包括以下研究方向的科研工作[133]：

——有关确定宇宙火箭技术装备开发前景的综合性科学研究工作；

——不同功能航天设备系统开发的科技论证及保障；

——航天设备关键构件的开发保障及理论研究、实验研究；

——有关前瞻性航天设备开发和建造基础问题及应用型的科学实验研究。

有关极其关键技术的查找、选取、制定及实施的系统性研究的重要组成部分如下：

——对航天领域前瞻需求及对15～20年期限内国防任务解决水平要求的分析及概括；

——宇宙火箭技术基本发展方向及前瞻性概念的确定；

——将要求分解到宇宙火箭技术装备功能子系统的级别（也即关键构成部分），并确定实现要求的途径；

——查明为建造宇宙火箭技术装备功能子系统（关键部分）所必需的关键技术的范围，同时应考虑其发展的动态性。

在对有关国防任务解决水平的要求进行分析的基础上，对前瞻性航天设备的战术技术性能等级的要求进行分解和归纳后，查明不同功能航天系统功能结构的基础性关键构成部分及重要技术。

这些技术被视为保证航天设备方面武器装备国家规划技术实施的超前性科学技术储备的核心部分。换句话说，航天武器设备的发展是通过按照以下模式创建航天设备新式样本实现的：

需求→对航天综合体（航天系统）的要求→航天综合体（航天系统）

该模式的特点在于其存在严重的不足，原因是：其对在航天设备使用中解决的任务的变动及对任务解决程度的要求的变动不够灵活。具体航天综合体（航天系统）开发及创建的持续期限、必要科学技术所需试验设计工作不够通常会导致样本建造的期限延长，必定使还未被建成的航天设备遭受无形的老化[134]。

以上所述方法可使我们确定：截止到不久前，标准指令性规划（优先进行具体航天综合体开发）为技术发展规划的主要类型。

接下来，我们将对技术功能效果指数、技术优先准则及其他可能成为武器装备和专用军事技术装备发展规划方法论基础的问题的选择方法进行详细研究。在此，我们采用空间侦查系统作为高科技技术系统和技术密集型技术系统发展规划方法的范例。

6.2　空间侦查系统运行效率指数的选择

技术系统效率指数的选择为解决确定技术优先性及技术发展规划任务过程中重要的一个环节。

所选择的效率指数应为对技术系统的功能特性（战术技术特性、作战战术特性）及质量特性（技术经济特性、使用特性）的影响程度进行评估提供条件，其中，技术储备建立的目的就在于对该系统进行开发。

技术对空间侦查系统质量参数影响的评估确实是很现实的问题，可为单个的、独立的研究领域。在本书中，为对前瞻性技术对空间侦查设备效率的影响进行评估，我们只是涉及其功能性效率方面。

我们将空间侦查系统，如同其他任何复杂的系统一样，视为用于解决某一确定范围内任务的手段。复杂系统的作用过程表现为其服从于同一目的的各个组成部分功能的总和。

在解决确定技术优先性任务的过程中，对其对空间侦查系统运行质量所产生的影响进行评估是很重要的一个方面；而空间侦查系统运行质量则通过效率指数进行评估。其中，空间侦查系统效率指数指的是系统的数字化性能。这些数字化性能可对系统与其解决所面临的任务的匹配程度进行评估。

通常，选择偶然性时间匹配概率或参数平均值（解决观测任务的概率、侦查观测目标的概率、所获取信息的正确性等）。我们发现，系统属性的阐释取决于选择何种系统数值化性能作为效率指数。而对于我们所要解决的任务，这表现为对技术对空间侦查系统运行效率的影响进行评估的可能性。

所要解决的任务的特性规定了对效率指标的一系列要求。其中一个基本的要求为：效率指标应在最大限度上对前瞻性技术对空间侦查系统运行效率所造成的影响"敏感"，也即可允许在所选择的试验方法的框架下对某一技术对系统功能参数的实现程度进行评估。

层级更低的指数可在更大程度上满足该要求。从这一点看，空间侦查系统的主要功能技术参数更为可取。

除了上述要求外，对效率指数还提出了一系列由所需要解决的任务所规定的要求。具体如下：

——在更高层级的效率指数中应考虑到被选作空间侦查系统效率指数的功能技术参数；

——功能技术参数应直观反映空间侦查系统技术完善程度并保证系统和其他功能类似系统的对比性；

——功能技术参数应直观反映空间侦查系统专用装置最具特色的功能性参数；

——功能技术参数的数值应保证可对其实施程度以及在国外类似功能技术装备样本中所达到的相对水平进行评估；

——功能技术参数不应考虑航天系统的全系统通用型性能参数的影响（如轨道构造、轨道组中航天器的数量、信息输送给用户的模式等）。

我们将选择目标函数作为空间侦查系统运行效率的准则。其中，该目标函数为空间侦查运行效率指数的规定水平 $KPf(E^{\text{тр}})$ 与指数实施水平 $f(E^{\text{р}})$ 的关系：

$$f(E^{\text{р}}) \geqslant f(E^{\text{тр}})$$

在文献［135］和［136］中进行了从宇宙空间进行观测操作实施的物理技术条件分析及其分类。划分出了以下类型设备作为空间侦查系统的专用设备：

——摄影设备，h_1；

——光电设备，h_2；

——无线电定位设备，h_3；

——无线电观测设备，h_4。

今后，我们将把这些专用设备类型视为空间侦查系统功能技术参数相对重要性评估及有关前瞻性技术对空间侦查系统运行效率影响问题研究中的基本类型。

考虑到上述对功能技术参数的要求及采用不同类型空间侦查系统的

专用设备实施观测操作的物理技术特点，选取了以下技术性能参数作为运行效率指标：

——分辨率（针对视频观测设备）；
——参数分析的准确度（针对无线电观测设备）；
——同步捕捉范围的宽度；
——生产能力；
——被侦查频率范围的宽度；
——无线电观测设备的灵敏度。

在表 6.2 中给出了所选择功能技术参数的定义。

表 6.2

项目/编号	主要功能技术参数的名称（测量单位）	功能技术参数的定义
1	分辨率（米）	光学系统质量指标，用于表示区分两个被侦查目标的属性
2	同步捕捉范围的宽度（公里）	地表面（水域表面）带宽，在拍摄时直接登记在信息存储装置上
3	生产能力（1平方公里的画面数量）	被登记地面面积内目标的观测数量
4	被侦查频率范围的宽度（赫兹）	有效监测频率技术保证频段
5	无线电观测设备的灵敏度（分贝/微伏，分贝/兆伏）	符合信息接收要求的信噪比

需要指出的是，所选功能技术参数中的每一个参数并不能给整个空间侦查系统专用设备组进行定性。此外，对于不同类型的专用设备，功能技术参数的测量单位还存在差别。在表 6.3 中反映出了空间侦查系统专用设备类型及基本功能技术参数的对应关系，并注明了专用设备类型及功能技术参数的代号。

以下，考虑到解决空间侦查任务及对其相对重要性进行评估的优先性，所选功能技术参数将在前瞻性技术对分项指标影响的研究中被作为空间侦查系统运行效率的分项指标。

表 6.3

空间侦查系统基本功能技术参数	空间侦查系统专用设备的类型			
	摄影设备 (h_1)	光电设备 (h_2)	无线电定位设备 (h_3)	无线电观测设备 (h_4)
分辨率 (E_1)	米	米	米	信号参数分析的准确度
同步捕捉范围的宽度 (E_2)	千米	千米	千米	视野范围宽度，千米
生产能力 (E_3)	航空器在1平方公里面积 T_{ac} 内的生产能力	航天器一昼夜时间的生产能力，即一昼夜目标观测能力	航天器一昼夜时间的生产能力，即一昼夜目标观测能力	—
被侦查频率范围的宽度 (E_4)	—	—	—	千赫兹
无线电观测设备的灵敏度 (E_5)	—	—	—	分贝/微伏

6.3 空间侦查系统任务的分解及确定其工艺实施的优先性

当前，并不存在空间侦查系统任务分解及将其表征为基础任务综合体的任何通用形式手段。在每一个具体的情况下，针对每一项目标任务，首先应该从实际已实施的观测目标信息收集方法、细节要求、信息传输的灵活性及信息更新的周期性、已查明被暴露标记的特点、被监控目标的型号及特性等出发。

空间侦查系统所承担的观测任务的清单经由信息用户下达部门性文件确定。对这些任务的解决水平以及在此基础上形成的对空间侦查系统战术技术性能的要求反映的是用户对从空间侦查系统接收到的信息的需求。

在对空间侦查系统所承担的观测任务[137,138]进行分析时，比较合理的是将其联合成一个组——"接收有关指定目标信息的任务"。这个组在诸多观测任务分类系统中占据着顶层的位置。这个组包括以下主要任务类别：

——接收关于军事经济目标的信息；

——捕获无线电信息的任务。

观测任务的进一步分解需考虑到观测目标的类别特点。从目标中可分出两个主要组别：军事经济目标和无线电信息。目标的类别由以下特性确定：

——所处的自然环境；

——目标的尺寸；

——是否配备无线电辐射设备；

——目标所在地。

指定空间侦查系统进行观测的目标的分类如图 6.1 所示。

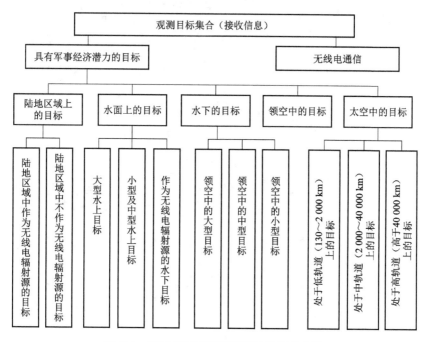

图 6.1　空间侦查系统应观测的目标的分类

依据所划分的任务类别及侦查目标的分类,将观测任务分解到图 6.2 中所示类别等级。

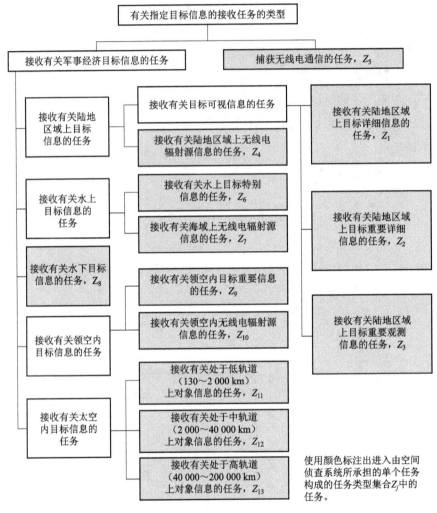

图 6.2 有关指定目标信息的接收任务的类型

后面,通过任务分解之后划分的观测任务的类别的集合被视为任务类别集合 Z_X,其中,这些任务是装备有大量专用设备 H 的轨道设备应完成的。

确定空间侦查系统所承担不同类别任务的工艺实施的优先性为下一

个实施阶段。

空间侦查系统所承担的不同类别任务的工艺实施的优先性指的是：将不同资源集中起来建立科学技术储备的重要性程度，其中，科学技术储备的建立是为保证不同类别的具体侦查任务所需要的水平。

任务工艺实施优先性的确定可分成两个阶段：

— 根据解决空间侦查任务时功能偏重的特点选择航天器专用设备的必要类别；

— 确定空间侦查系统所承担的任务的工艺实施的优先性，其中，确定的依据为任务的功能技术参数所规定水平在技术层面上的可实现性的标准。

我们发现，空间侦查系统所承担的绝大多数目标任务具有综合性特征，且为有效完成这些任务，需要采用若干不同电磁波谱波段（可视波段、红外波段、无线电定位波段、无线电波段）运行的专用设备。同时，每一种专用设备都有其自身的实现有关被观测对象的、不同内容及质量的信息的采集方法。只有同时采用若干种专用设备（设置在不同的航天器上或集成在一个航天器上）才能保证完整地解决某一目标任务。

术语功能性偏重指的是技术系统的特征，该特征可为从空间侦查系统的集合中选取出一个或若干个技术系统提供条件，且选出的技术系统能在功能参数上最大限度上保证实现对具体任务水平要求。

需要指出的是，在对前瞻性技术的使用对具体空间侦查系统的运行效率水平的影响进行评估时存在不确定性是空间侦查任务工艺实施优先性确定过程的特点。此外，还缺乏一个可允许在解决空间侦查综合性任务时统一解决空间侦查系统分配任务的基础方法。

鉴于上述特性，选择鉴定方法作为解决确定任务工艺实施优先性中规定任务的主要处理方法，是最为合理的。

其中，比较合理的是采用 QUEST 方法。

QUEST（Qualitative Utility Estimates for Science and Technology，科学技术效益的数量评估）方法旨在提高分配划拨进行研究和开发的资源方案的效率。该方法的基础是：在考虑不同领域及不同科学方向对解决某些问题的潜在贡献的基础上进行资源分配的思想[139]。其中，所谓的潜在贡献，可通过采用专家评估的方法确定。

QUEST 方法的优点在于：在武器装备和专用军事技术装备发展规划的各个阶段——从发现预测前定位至制定有关资源分配的建议，都具有适用性。而该方法的特点在于，专家需提前制定均衡的、完善的评估等级表。

评估等级表需更高级别的专家参与制定。因而，更低级别专家的评估需提前被限制在一定框架内，而这会显著降低专家在其工作过程中的不确定性。相应的，可在较大程度上将重心从对已经被做出评估的处理上转移到评估机制本身上，也可提高信息系统输出的精确等级。

任务解决的第一个阶段在于，选取空间侦查航天器专用设备的必要类别，并根据其在解决具体的空间侦查任务中的功能性偏重特征进行排序。

在确定某一专用设备类别使用偏重时（在此，我们将其视为空间侦查某一联合系统的子系统），应考虑到：每个任务类别可通过一个或若干个子系统解决，也即可有选择性地解决，也可综合性解决。如此一来，为解决空间侦查的每个任务，可选择唯一的适用子系统，也可选择整套子系统。

子系统偏重的相对分类可针对第二类（成套子系统的组成部分），那么仅需将唯一适用的子系统命名为最低等级。

我们直接返回到专用设备必要类别的选择——从 H 集合中选出专用设备的类别，并根据其在解决空间侦查任务中的功能性偏重特征进行专用设备的分类。

等级 2：该类别的专用设备可完全保证解决任务。

等级 1：该类别的专用设备可促进任务的解决。

等级 0：该类别的专用设备不能促进任务的解决。

所选等级数值可确定不同类别的专用设备是否适用于解决空间侦查任务，并根据相对重要性对专用设备的类别进行排序。

为进行专用设备偏重性鉴定性排序，制定了鉴定性评估表。鉴定性评估表为表 6.4 的左半部分——空间侦查任务的完整表述，且无在对结果进行处理时填写的"偏重性系数"。除了表格之外，在鉴定性评估表中还加入了鉴定一般问题的表述："在解决空间侦查任务 Z_1，…，Z_j 时，以下所示等级中哪一等级在最大限度上符合所列空间侦查系统专用设备类型？"

鉴定结果如表 6.4 所示。其中，鉴定结果为专家所评定的等级的平均数值。在结果的基础上，确定专用设备在解决空间侦查任务中的偏重性系数（ε）。偏重性系数具有两个数值：1.0 和 1.5，分别对应等级 2 和等级 1。

表 6.4

编号/项目	空间侦查任务类别	空间侦查装备专用设备类别				偏重性系数（ε）			
		h_1	h_2	h_3	h_4	ε_{h_1}	ε_{h_2}	ε_{h_3}	ε_{h_4}
1	Z_1	2	1	0	0	1	0,5	—	—
2	Z_2	2	2	0	0	1	1	—	—
3	Z_3	2	2	2	0	1	1	1	—
4	Z_4	0	0	0	2	—	—	—	1
5	Z_5	0	0	0	2	—	—	—	1
6	Z_6	0	0	2	0	—	—	1	—
7	Z_7	0	0	0	2	—	—	—	1
8	Z_8	0	0	1	0	—	—	0,5	—
9	Z_9	0	0	2	0	—	—	1	—
10	Z_{10}	0	0	0	2	—	—	—	1
11	Z_{11}	0	2	1	1	—	1	0,5	0,5
12	Z_{12}	0	2	1	1	—	1	0,5	0,5
13	Z_{13}	0	2	1	1	—	1	0,5	0,5

在确定偏重性系数（ε）后，我们转向任务解决的第二个阶段。第二阶段主要根据空间侦查系统功能技术参数规定等级科技可实现性标准确定空间侦查任务工艺实施的优先性。

科技可实现性指某些需求技术实施的可能性，且该可能性通过建立足够的科技及工艺储备保证。

所推荐确定空间侦查任务工艺实施优先性方法的基础为以下两个先决条件：

——第一个先决条件由实现空间侦查不同任务中是否存在明显的科技条件的不平衡性确定。这种情况是由科学技术储备中产生的比例失调所造成的。其中，该科学技术储备是为实施目录上所有空间侦查任务而制定的。

——第二个先决条件是：根据传统的理解，空间侦查任务的优先性仅从作战战略视角进行研究。

在采用这种确定空间侦查任务技术实施优先性方法时，应考虑到：空间侦查所有任务（Z_j）的作战战略优先性等于一个单位。这种方法是一种均衡的方法，因为将单个任务连同其实施的规定等级加入空间侦查任务目录中是通过下达指令性文件实现的，且应随附相应的论证。

在此，我们采用上面所描述的 QUEST 方法作为确定空间侦查设备所承担任务工艺实施优先性的基本方法。

在所选方法的框架下，我们采用根据技术性能在当前及所研究预测期限的可实现性标准，采用技术性能等级分类方法。其中，需要考虑到经由旨在完善空间侦查系统而进行的科学研究及试制设计工作的结果所证实的工艺实施的实际可能性。

当前实现的技术性能等级与所需等级的符合度越小，则技术性能等级的指数越大。如此一来，零等级的技术性能为完全实现的。

分类等级表形式如下：

等级 6：技术性能的规定等级 E_{hrp} 不能实现，或处于实施的初始阶段（技术性能的规定等级 E_{hrp} 不能实现，因为实现等级不符合要求等级）。

等级 4：技术性能的规定等级 E_{hrp} 当前实施很差（技术性能的实施等级 E_{hrp} 的值仅达到且不超过规定等级的 50%）。

等级 2：技术性能的规定等级 E_{hrp} 在当前不能完全实施（技术性能的实施等级 E_{hrp} 的值为规定值的 50%～100%）。

等级 0：技术性能的规定等级 E_{hrp} 在当前可完全实施（技术性能规定等级达标，也即 $E_{hp} \geq E_{hrp}$）。

当技术性能评估值在上述分类中占据中间位置时，评出等级 1、3、5。

采用功能技术参数规定等级的数值及其实施或已申明等级 E_{hp} 作为评估的初始数据，其中，功能技术参数规定等级被选作空间侦查设备运行效率的指标。已申明等级在科学技术预测、检索研究及基础研究实施结果的分析，航天设备生产技术和工艺领域的应用研究及开发结果分析的基础上确定。

根据表 6.5 中所统计的鉴定结果，首先根据以下公式确定专用设备类型实施优先性系数 $\lambda_{h_1,\cdots,j}$：

$$\lambda_{h_1,\cdots,j} = \sum_1^z \frac{\left(\sum_1^e \chi_e\right) \varepsilon_{h_1,\cdots,j}}{e_{h_1,\cdots,j}} \qquad (1)$$

式中，χ_e 为专用设备功能技术参数工艺可实现性指数；$\varepsilon_{h_1,\cdots,j}$ 为空间侦查任务解决用专用设备类别 $Z_{1,\cdots,j}$ 的偏重系数；$e_{h_1,\cdots,j}$ 为针对该专用设备类别 $h_{1,\cdots,j}$ 的功能技术参数的数量；j 为专用设备类别数量。

根据所得到的数值，使用下列公式确定每个类别的空间侦查任务工艺实施优先性系数：

$$\Lambda_{Z_1,\cdots,z_{13}} = \frac{\sum_1^j \lambda_{h_j} \varepsilon_j}{j} \qquad (2)$$

这种确定空间侦查任务类别工艺实施优先性方法的优点在于，该方法可允许在分析已经达到的科学技术储备水平及工艺基础水平的基础上划分出问题最大的领域，也即划分出在进行基础研究和应用研究的规划、航天设备发展项目规划等时必须考虑其发展的技术领域。此外，鉴于其众所周知的特点，我们在制定武器装备和专用军事技术装备及其他复杂技术密集型技术系统的发展规划时，也会采用所推荐的方法。

所制定的空间侦查任务工艺实施优先性序列为进行空间侦查设备运行效率指数相对重要性后期评估的基础。

表 6.5

空间侦查设备专用的类别	工艺可实现性指数 (X_e)	空间侦查任务的类型												
		Z_1	Z_2	Z_3	Z_4	Z_5	Z_6	Z_7	Z_8	Z_9	Z_{10}	Z_{11}	Z_{12}	Z_{13}
					在解决空间侦查任务时所采用的专用设备的类型									
		h_1, h_2	h_1, h_2	h_1, h_2, h_3	h_4	h_5	h_3	h_4	h_3	h_3	h_4	h_2, h_3, h_4	h_2, h_3, h_4	h_2, h_3, h_4
h_1	X_{e1}	1	1	0										
	X_{e2}	1	1	1										
	X_{e3}	2	2	2										
	λ_{h_1}	1.3	1.3	1.0										
h_2	X_{e1}	2	1	0								2	3	3
	X_{e2}	1	1	1								2	3	3
	X_{e3}	2	1	1								2	3	3
	λ_{h_2}	1.3	1.0	0.6								2	3	3
h_3	X_{e1}													
	X_{e2}													
	X_{e3}													

续表

空间侦查设备的类别	工艺可实现性指数 (X_e)	空间侦查任务的类型											
		Z_1	Z_2	Z_3	Z_4	Z_5	Z_6	Z_7	Z_8	Z_9	Z_{10}	Z_{11}	Z_{12}	Z_{13}
					在解决空间侦查任务时所采用的专用设备的类型								
λ_{h_3}		$h_1,$ h_2	$h_1,$ h_2	$h_1,$ $h_2,$ h_3	h_4	h_5	h_3	h_4	h_3	h_3	h_4	$h_2,$ $h_3,$ h_4	$h_2,$ $h_3,$ h_4	$h_2,$ $h_3,$ h_4
	X_{e2}													
	X_{e4}													
	X_{e5}													
λ_{h_4} h_4														
$\Lambda_{z_1,\cdots,z_{13}} = \dfrac{\sum_j^j \lambda_{h_j} \varepsilon_j}{j}$														

6.4 空间侦查系统运行效率指标相对重要性评估方法

分析技术对武器装备和专用军事技术装备（此处为空间侦查系统）运行效率等级的影响水平，为解决有关确定技术优先性任务的重要阶段。在上文中，我们对选用空间侦查系统的主要功能技术参数作为其运行效率指数这一点进行了论证。

空间侦查系统单个功能技术参数的重要性程度在解决目标任务时是不同的。相应的，确定技术优先性过程中考虑到的每个功能技术参数的重要性等级也是不同的。为得到功能技术参数相对重要性的评估（其中，功能技术参数为确定技术优先性原始资料的重要组成部分），采用以下所述方法。该方法可允许我们对功能技术参数在解决不同类型空间侦查时的相对重要性进行评估，并确定相对重要性的归纳性指数。其中，功能技术参数被选作运行效率指数。

功能技术参数对解决具体空间侦查任务过程的临界性作用被选为主要准则。临界性作用是指技术系统某一性能对系统整体运行效率的影响程度。

我们选择了行之有效的成对比较法[141]作为专家评估的方法。所有的功能技术参数（E_1，…，E_5）相互之间作比较，并且接下来的每一个评估都与前面的评估无关联；所有的成对评估则构成分项偏重的矩阵；而在该矩阵的处理中，得到被研究功能技术参数的加权系数。针对空间侦查每个任务类别重复该程序，然后，针对空间侦查任务不同类别进行功能技术参数（$\xi_{E_1,\cdots,e}$）加权值的卷积。其中卷积可为确定功能技术参数相对重要性的综合指标提供条件。

该方法的主要优点如下：
——可对不同类型空间侦查任务的功能参数的非均匀变动的重要性进行测量；
——专家并非将所有的注意力集中在所有的功能技术参数上，而只是集中于两个在具体某个时刻相对比的参数上，这可减轻工作量并促进工作质量的提高；

——该方法不仅可得到专家给予的平均性能评估，也可得到该评估的离散值，而这为后续进行更加深度的数学统计分析提供了可能性[141]。

为方便专家进行对比，功能技术参数按照横向和纵向两个方向列于表 6.6 中。

表 6.6

	E_1	E_2	E_3	E_4	E_5
E_1					
E_2					
E_3					
E_4					
E_5					

专家无须填写表中对角线部分的空格（在该部分，性能参数自行对比）。在第一行的第二格中，专家需填写第一个功能技术参数（E_1）和 E_2 的对比结果（也即在解决空间侦查任务时，E_1 相对于 E_2 的权数），在第三个空格中为 E_1 和 E_3 的对比结果；以此类推在第二行中，专家在第一个空格中填写第二个功能技术参数（E_1）和 E_2 的对比结果，第三个空格中填写 E_2 和 E_3 的对比结果；以此类推并且成对比较下的评估值总和应为 1.0。

需为每个类别的空间侦查任务填写成对比较的表格。在对专家评估进行初步处理后，需在处于表格对角线位置的空格中填入功能技术参数加权系数（临界性指标 $\xi_{E_1,\cdots,e}$）值；其中这些数值为指定任务 $Z_{1,\cdots,n}$ 加权平均值 $E_{1,\cdots,e}$，其计算公式如下：

$$\xi_{E_1,\cdots,e} = \frac{\sum_1^e v_{E_1,\cdots,e}}{e} \tag{3}$$

式中，$v_{E_1,\cdots,e}$ 为解决空间侦查任务时功能技术参数的临界性作用指数；e 为功能技术参数的总数量。

为统一专家的答复并简化结果的初步处理，采用表 6.7 所示的评估等级表。

表 6.7

等级	说明
1.0	功能技术参数，为解决指定空间侦查任务的<u>决定性</u>参数
0.9	
0.8	功能技术参数，为对解决指定空间侦查任务<u>产生重大影响</u>的参数
0.7	
0.6	
0.5	
0.4	功能技术参数，为对解决指定空间侦查任务<u>具有促进作用</u>的参数
0.3	
0.2	
0.1	
0	功能技术参数，为与解决指定空间侦查任务<u>无关</u>的参数

评估等级表被分成 0～1.0 中的 11 个刻度，且每个刻度之间的间距为 0.1，同时划分出功能技术参数在解决空间侦查任务时临界性作用的四个等级。在本方法中使用该等级表可简化专家做出评估的机制，同时提高信息系统输出数据的准确性。

在得到空间侦查任务（$Z_{1,\cdots,n}$）整个目录上所示任务的功能技术参数（$\xi_{E_1,\cdots,e}$）临界性作用指数后，我们将根据以下公式确定空间侦查系统专用设备功能技术参数 $E_{1,\cdots,e}$ 相对重要性综合指标的数值。

$$\Xi_{E_1,\cdots,e} = \frac{\sum_1^n \xi_{E_1,\cdots,e} \Lambda_{1,\cdots,n}}{n} \quad (4)$$

式中，Λ 为空间侦查任务类别工艺实施优先性系数；n 为空间侦查任务类别的数量。

从式（4）中，我们可以看出，功能技术参数 $\Xi_{E_1,\cdots,e}$ 相对重要性指数的测量范围局限于 $0 < \Xi_{E_1,\cdots,e} \leq 1$。并且，当 $\Xi_{E_1,\cdots,e}$ 的值越接近单位

值，空间侦查系统功能技术参数的重要性越高。

所设计方法准确性的评估建立在对专家评估的统计分析的基础上，其中，该统计分析可对以下两个主要问题做出回答：

——具有统计意义的平均值是否存在差别？

——是否存在具有统计意义的研究值一致性？

为对这两个问题作出解答，采用了以下方法：

——进行离散分析和回归分析；

——进行频率分析，也即将对通过经验得到的、参数评估分布函数与均值函数及其他分配函数进行对比；

——进行关联分析并使用分析结果表征及后续处理的图表，其中关联分析还包括对专家意见一致程度的分析；

——对收集的数据进行聚合群集分析。

所示方法的使用机制详见文献［141］和［142］。该方法最突出的一个优点在于，使用该方法，可在在空间侦查系统及其他负责技术系统开发规划不同阶段投入相对很少时间及物资消费的情况下，对其功能技术参数在解决单个任务及整体任务中的相对重要性程度进行评估。

接下来，空间侦查系统功能技术参数相对重要性指标将会被用作技术优先性评估的系数。

6.5 确定技术优先性

关于"优先性"这一概念，存在诸多定义。其中最能反映其实质的有：

优先性指可确定某一程序相较其他类似程序的重要性的一个数值，而该程序与其类似程序之间可能出现冲突情况。在这里，冲突情况产生的条件来源于建造科学技术储备过程中的硬性资源限制；而技术则是在该科学技术框架下进行开发。

另外一种定义（也许对我们来说更为准确）将优先性视为程序或任务的特性；而该特性表现为首先将精力及资源集中起来以发展某一个程序（内容）或解决一系列类似问题中的某一个问题的必要性。

使用以下所推荐的方法可确定每项具体技术的客观需求的程度并在该基础上确定其开发费用的合理数量。该方法可保证从科学机构、工业机构及其他从事本领域前瞻性技术研究的机构所提供的提案清单中选出优先性技术。

规定任务的解决分成以下阶段：

—形成技术优先性指标体系；

—在对技术运行效率（Q_1）及其对空间侦查系统主要功能技术参数影响（V_{Ψ_n}）程度综合指数进行分析的基础上对技术的重要性进行评估；

—根据不确定性（Q_2）和通用性（Q_3）综合指标进行技术评估；

—确定技术优先性综合指标（W_n）并形成优先性技术系列。

任务解决的结构模式如图 6.3 所示。

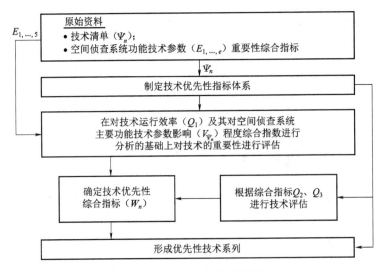

图 6.3　确定技术优先性的算法

技术发展规划程序中最为重要的阶段为制定技术优先性指标体系。该体系应符合以下基本要求：

—保证完全涵盖问题所有比较重要的方面；

—可通过将所研究的任务划分为更小的部分的途径进行任务的分

解，以简化评估的程序；

——非过剩性，可避免在统计问题的不同方面时重复；

——指标体系应对问题的描写具有最低程度的必要性。

对国外经验的分析表明，在制定武器装备和军事技术装备领域的关键技术清单时，需要考虑到以下主要标准文献：

——军事任务的重要性，而该军事任务的解决依赖于在所研究技术基础上建造的武器装备系统；

——技术对任务解决设备和方法的影响程度；

——该技术在武装对抗设备中预期使用规模；

——武装对抗设备创新程度，而该设备可在所研究技术的基础上制造；

——将技术用到武器装备系统中的造价。

在制定技术优先性指标体系时，应考虑到以上所示几个方面的问题。

我们还注意到，在进行技术优先性评估时产生的第一个问题与选择一个或若干个标准相关。若存在统一的标准，则其将会简化各个方案的对比、单个指标的匹配，并会降低做出合理决定所耗费的劳动量。然而，诸多科学问题解决方案的变化性、偶然性、确定所研究技术贡献的复杂性、时间因素的影响等诸多因素导致不可能采用一个所有技术都适用的、且完全可界定所有技术优先性的统一标准。

考虑到这一特点，建议采用以下准则确定技术优先性：

——技术运行效率标准：用于对技术对科学技术储备发展过程产生影响的程度进行定性，而科学技术储备建立的目的在于完善某一（若干）指定类型的武器装备和专用军事技术装备；

——不确定性标准：用于对在前瞻性技术创建程序预计投入费用框架下达成预期结果过程中的风险程度进行定性；

——通用性标准：用于对技术的潜在性能进行定性，其中，技术的潜在性能为将其用在前瞻性武器装备的不同样本及民用产品中提供了条件，同时还顾及了竞争性因素。

技术优先性指标体系如图 6.4 所示。该体系为在考虑到订货方所推行的科技政策中客观趋势及主观偏重的基础上对 $\Psi_{1,\cdots,n}$ 集合中的每项技术的优先性进行综合性的、全方位的评估。

指标评估标准	技术优先性分项指标及综合指标
	技术运行效率综合指标，Q_1
技术运行效率标准	—保证创建为实现空间侦查任务解决水平的前瞻性要求的技术储备，q_{11} —保证解决新的（即前所未有的）或重新设置的空间侦查任务，q_{12} —创建超前性技术储备，以保证在出现新的技术设备潜在对手的情况下可采取充分的监控措施。其中，这些新的技术设备可降低已经达到的空间侦查任务解决水平（或促使产生新的空间侦查任务），q_{13} —潜在对手的预计资源消耗及时间消耗规模 q_{14}，其中，时间消耗和资源消耗是由实施关于对抗空间侦查设备新能力的措施的必要性所规定的，而空间侦查设备的新能力则通过实施该技术得到保证 —存在替代性技术，q_{15}
	不确定性综合指标，Q_2
不确定性标准	—对创建技术的可能性及途径进行科学技术处理的不完全性水平，q_{21} —技术在其实施之前丧失其预期结果意义的概率，q_{22} —达到通过采用相关技术创建的空间侦查设备要求性能参数水平的概率，q_{23} —技术开发资源消耗评估的不确定性，q_{24}
	通用性综合指标，Q_3
通用性标准	—技术在对航天系统或其他武器装备及军事技术装备系统中的若干组成部分进行完善（创建）过程中的适用性，q_{31} —技术在非军事（商业性、科学性等）目标中的适用性，q_{32} —对国产产品占据国际市场并巩固其在国际市场上的地位的促进作用，q_{33}

图 6.4 技术优先性指标体系

在对图 6.4 中技术优先性指标体系进行分析时，可将被运行效率综合指数连接起来的分项指标 $q_{11,\cdots,15}$ 划定为基本组。这些指标评估的总体标准为技术的运行效率。

技术的运行效率被理解为技术对确定科学技术储备水平的因数所产

生的影响的等级，以及对直接或间接影响空间侦查任务解决水平提高及任务目录拓展的因素所产生的影响的等级。

采用所推荐的方法可在对技术运行效率 Q_1 及对主要空间侦查系统功能技术（目标）参数 E_e 影响分析的基础上进行技术重要性 Ψ_n 的评估。

为解决任务，选择了专家评估的方法。选择该方法的原因在于，被研究领域具有很高的不确定性，而该不确定性是与无法准确统计不同技术方向之间的相互作用及它们的空间侦查系统主要功能技术参数的影响是相关的。

技术的重要性包括两个组成部分。其一为所研究技术为空间侦查系统完善程序的价值 $Q_{1\Psi_1,\cdots,n}$，也即开发该技术的目标对象的价值；其二为因实施技术所导致的空间侦查系统主要功能技术参数等级相应变化的总和。这可通过公式反映出来：

$$Q^*_{1\Psi_n} = Q_{1\Psi_n} + V_{Q_1\Psi_n} \tag{5}$$

其中，$Q_{1\Psi_n}$ 指技术 Ψ_n 运行效率的系数；$V_{Q_1\Psi_n}$ 指技术对空间侦查系统功能技术参数水平变动所产生影响的系数；$Q^*_{1\Psi_n}$ 指技术 Ψ_n 重要性综合指标（根据运行效率系数 Q_1 确定）。

该方法框图如图 6.5 所示。

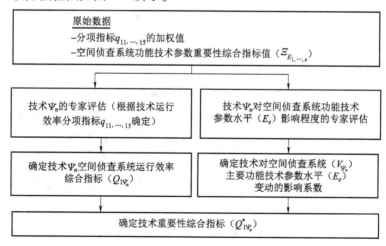

图 6.5　技术重要性评估方法框图

我们使用的是之前确定的加权值 $q_{11,\cdots,15}$ 及空间侦查系统主要功能技术参数重要性综合指标值（$\Xi_{E_1,\cdots,e}$）作为原始数据。

可通过两种途径确定技术的功能性意义。在第一种途径中，根据指标 $q_{11,\cdots,15}$ 对技术 Ψ_n 进行专家评估，并在其基础上确定技术 Ψ_n 的运行效率系数 $Q_{1\Psi_n}$。

$Q_{1\Psi_n}$ 的值根据式（6）确定：

$$Q_{1\Psi_n} = \sum_1^n \frac{q_{11,\cdots,15} \cdot q^1_{11,\cdots,15}}{q_{11,\cdots,15} \cdot \max q^1_{11,\cdots,15}} \tag{6}$$

式中，$q^1_{11,\cdots,15}$ 指根据分项指标在专家评估基础上得到的技术 Ψ_n 评估值。

在第二种途径中，需进行技术 Ψ_n 对空间侦查前瞻性系统功能技术参数水平 E_e 影响程度的专家评估，其中，技术 Ψ_n 用于上述空间侦查前瞻性系统的开发和建立。

在技术 Ψ_n 对空间侦查前瞻性系统功能技术参数水平 E_e 影响程度的专家评估基础上，确定技术影响系数 V_{Ψ_n}：

$$V_{\Psi_n} = \sum \frac{\Xi_{E_1,\cdots,e} \cdot \Psi_{nE_1,\cdots,e}}{e} \tag{7}$$

式中，$\Xi_{E_1,\cdots,e}$ 为主要功能技术参数 $E_1,\cdots,e$ 重要性的综合指标；$\Psi_{nE_1,\cdots,e}$ 为技术 Ψ_n 对空间侦查系统主要功能技术参数水平 $E_1,\cdots,e$ 影响程度的专家评估值；e 为空间侦查系统主要功能技术参数数量。

在根据运行效率标准解决技术 Ψ_n 重要性评估任务中最重要的阶段为确定综合指标 $Q^*_{1\Psi_1}$：

$$Q^*_{1\Psi_n} = Q_{1\Psi_n} + V_{Q_1\Psi_n^*} \tag{8}$$

为解决收尾部分的任务，要求得到技术优先性综合指标。技术优先性综合指标的图表结构可表现为技术的综合指标（图6.6）。

所推荐确定技术优先性综合指标的方法用于对技术的重要性进行多标准评估，并获取有关每项技术在技术优先序列中地位的综合性数据。

技术性优先性指标为确定中间侦查系统完善程序中技术优先性等级的量化指标。

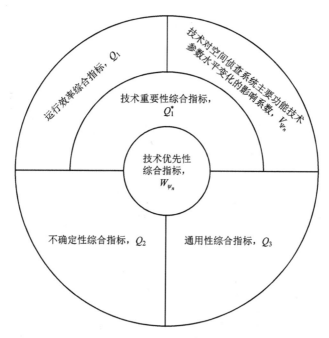

图 6.6　技术优先性综合指标的结构

技术优先性综合指标分三个阶段实施：

——选定具有 $\Psi_{1,\cdots,n}$ 集合数值（Q_1^*）综合指标肯定值的技术；

——根据非确定性（Q_2）及通用性（Q_3）标准进行技术的专家评估；

——确定技术优先性综合指标 $W_{\Psi_{1,\cdots,n}}$ 并建立优先性技术序列。

技术优先性综合指标确定方法的框图如图 6.7 所示。

在第一阶段，需进行技术重要性综合指标值 $Q_{1\Psi_1}^*$ 的分析。在该情况下，如技术 Ψ_n 的值 Q_1^* 等于零或为负值，则需要将该技术从技术清单 Ψ 中排除出去，并且，无须确定其技术优先性综合指标。这种分析的物理意义在于，找出其实施不会带来空间侦查系统主要功能技术参数水平显著提高且不会对技术重要性综合指标带来影响的技术。其中技术重要性综合指标包括了对将技术实施到空间侦查系统的前瞻性样本所导致的结果进行的军事技术评估、战略评估及经济评估。分析的对象为在技术对以上所述空间侦查系统功能技术参数及运行效率指标影响程度分析的

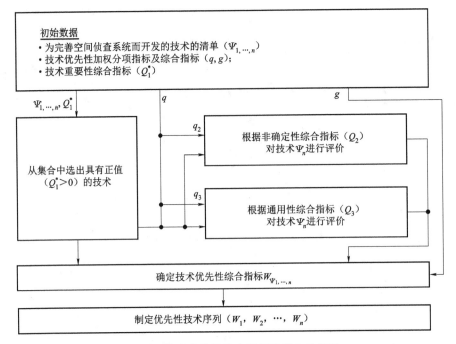

图6.7 技术优先性综合指标确定方法框图

基础上进行的技术重要性评价中得到的数据。

在第二阶段,根据指标 Q_2 和 Q_3 进行技术 $\Psi_{1,\cdots,n}$ 的序列评估。评估的结果为非确定性综合指标及通用性综合指标的值。

作为根据上述指标确定的技术属性量化评估的基本方法,采用的是专家评估的方法。选择这种方法的原因在于,不可能对实施某一技术的结果对航空及其他领域创新过程中不同方面的影响进行一致的预测。在该条件下,使用专家评估的方法可制定出有关某一具体科技方向前瞻性发展的概念,其中,正是在该科技方向的框架下开发某一技术。

专家评估通过专家独立填写根据均衡评估等级表制定的专家调查表的途径实现。经过处理后,将结果填入等级矩阵中。专家调查结果的组织及处理详见文献[140]及[141]。

在根据非确定性指标进行技术评估时,需将技术 $\Psi_{1,\cdots,n}$ 各个分项指标 q_{21},q_{22},q_{23},q_{24} 的加权平均值填入矩阵中(表6.8)。

表 6.8

非确定性分项指标	技术加权平均 $\Psi_{1,\cdots,n}$ 评估值				
	Ψ_1	Ψ_2	Ψ_3	⋯	Ψ_n
q_{21}	q_{21}^1	q_{21}^2	q_{21}^3	⋯	q_{21}^n
q_{22}	q_{22}^1	q_{22}^2	q_{22}^3	⋯	q_{22}^n
q_{23}	q_{23}^1	q_{23}^2	q_{23}^3	⋯	q_{23}^n
q_{24}	q_{24}^1	q_{24}^2	q_{24}^3	⋯	q_{24}^n

非确定性分项指标 q_{21}，⋯，q_{24} 相对加权系数被提前确定，且在必要时可根据订货方军事技术政策偏重的更改而发生变化。

借助评估等级表，并通过对技术优先性分项指标等级的重要性排序的方法进行技术评估（针对分项指标 $\Psi_{1,\cdots,n}$）。等级的数值变化范围为 0~10。

技术 $\Psi_{1,\cdots,n}$ 评估的加权平均值计算公式如下：

$$q_{21}^n = \frac{\sum_{i=1}^m q_{21э}^n}{m} \tag{9}$$

式中，n 为技术清单 $\Psi_{1,\cdots,n}$ 中技术的编号；q_{21}^n 为根据分项指标 q_{21} 确定的技术 Ψ_n 的专家评估加权平均值；m 为专家的数量；$q_{21э}^n$ 为专家针对技术 Ψ_n 做出的加权值。

技术 $\Psi_{1,\cdots,n}$ 分项指标 q_{22}，q_{23}，q_{24} 专家评估加权平均值采用类似方法计算。

非确定性综合指标的计算按照以下公式进行：

$$Q_{2\Psi_n} = \sum_{q_{21}}^{q_{24}} \frac{q_{21,\cdots,24} \cdot q_{21,\cdots,24}^n}{q_{21,\cdots,24} \cdot \max q_{21,\cdots,24}^n} \tag{10}$$

式中，$Q_{2\Psi_n}$ 为技术的非确定性综合指标；$q_{21,\cdots,24}$ 为非确定性综合指标的加权值。

通用性综合指标 Q_3 的计算采用类似的方法进行。

该方法第三阶段的任务为技术优先性综合指标的确定及优先性序列

的建立。

技术 Ψ_n 优先性综合指标 W 被确定为技术优先性评估标准加权系数 q_1，q_2，q_3 与综合指标值 Q_1^*，Q_2，Q_3 的积和：

$$W_{\Psi_n} = q_1 Q_1^* + q_2 Q_2 + q_3 Q_3 \tag{11}$$

式中，W_{Ψ_n} 为技术 Ψ_n 的技术优先性综合指标。

该方法的最后工序为将技术置入技术优先性综合指标值的递减序列（从最大 $W_{\Psi_1,\cdots,n}$ 至 W_{Ψ}）中。

得到的优先性值及其优先性序列可为制定建造问题指向型科学技术储备方面科研工作的课题及投资的最有效规划提供条件，其中也包括在资源受到限制的条件下。

推荐作为空间侦查系统发展对象领域范例的技术发展规划方法是足够通用的，也可适用于其他复杂技术系统完善的技术密集型领域。以上所述方法可作为对优先性技术方向选择方案进行综合论证的基本方法。

参 考 文 献

[1] Д·О·罗戈津，И·А·谢列门特，С·В·卡尔布科，А·М·古宾斯基. 美国高端技术：国防部及其他部门经验. 莫斯科，2013.

[2] А·А·阿列克萨什，С·В·卡尔布科，А·М·古宾斯基. 俄罗斯国防工业：历史、现状及前景展望. 莫斯科，2011.

[3] Е·Г·尼基坚科，С·В·卡尔布科，А·М·古宾斯基. 美国国防部有关发展国防领域科学和技术发展及使用的前瞻性研究管理. 莫斯科，2010.

[4] Ю·И·鲍里索夫. 科学技术储备在创建前瞻性武器装备创新过程中的作用：问题及其解决途径//联邦手册. 俄罗斯国防工业. 第九卷. 莫斯科，2013.

[5] 计划经济：月刊. 1928，№ 2.

[6] Technological trends and national policy, including the social implications of new inventions: Report of the Subcommittee on Technology to the National Resources Committee. June, 1937. Washington (D. C.)，1937.

[7] Presidential Executive Order 7065 "Creating the National Resources Committee". June 7, 1935.

[8] Д·О·罗戈津. 军事工业委员会工作的现代方面//联邦手册. 俄罗斯国防工业. 第九卷. 莫斯科，2013.

[9] Yang Che. 科技进步展望. 第二版. 莫斯科，1997.

[10] J. P. Martino. Technological Forecasting for Decision Making. N. Y.，1972.

[11] Р·厄伊列斯. 科学技术前瞻及长期规划. 莫斯科，1971.

[12] А·Г·伊瓦赫年科. 复杂系统的长期规划和管理. 基辅，1975.

[13] В·М·格卢什科夫. 科学管理及基础研究. 苏联科学院学报，1975，10.

[14] Н·П·费多连科. 回顾历史，展望未来. 莫斯科，1999（科学·世界观·生活）.

[15] 俄罗斯联邦2015年前科学及创新发展战略. 由科学-创新政策部门间委员会审定，2006年2月15日协议，№1.

[16] 俄罗斯联邦2012年5月7日№603总统令《关于实现俄罗斯联邦武装力量、其他部队、作战编队及机构发展及建设计划（规划），以及国防工业现代化》.

[17] В·М·布连诺克，В·М·梁普诺夫，В·И·穆德罗夫. 武器装备发展规划及管理的理论和实践/莫斯科夫斯基编辑. 莫斯科，2005.

[18] В·М·布连诺克，Г·А·拉夫里诺夫，Е·Ю·赫鲁斯塔列夫. 军用产品生产管理机制. 莫斯科，2006.

[19] А·А·伊夫列夫，В·Ю·科尔恰克. 前瞻性技术的展示可拓展其实施可能性. 航空航天信使，2005，№4.

[20] В·М·布连诺克，А·А·伊夫列夫，В·Ю·科尔恰克. 前瞻性及非传统武器装备科学技术储备创建的专项规划及管理. 莫斯科，2007.

[21] 2012年10月16日№174-Ф3联邦法令《有关前瞻性研究的基金》.

[22] 国际文传电信通讯社对2013年11月19日对伏龙芝工学院校长安德烈·格里高利耶夫进行的采访. 链接为：URL：http：//fpi. gov. ru/press/media/44.

[23] 俄罗斯联邦政府1995年4月17日下达的№360政令《关于国家支持科学发展及科技开发》.

[24] 俄罗斯联邦总统1996年6月13日发布的№884总统令《有关发展俄罗斯科学》.

［25］俄罗斯联邦关键性技术清单. 由俄罗斯联邦2002年3月30日№ Пр-578总统令通过.

［26］俄罗斯联邦关键性技术清单. 由俄罗斯联邦2006年5月21日№ Пр-842总统令通过.

［27］俄罗斯联邦2011年7月7日发布的№899总统令《关于审核俄罗斯联邦科学、技术优先发展方向及关键技术清单》.

［28］俄罗斯联邦2006年10月17日发布的№613政府指令《关于俄罗斯2007—2012年周期内科学技术优先发展方向》.

［29］俄罗斯联邦总统2013年7月24日发布1307-p指令《关于审核活动规划（路线图）》《复合材料生产行业发展》.

［30］俄罗斯联邦总统2013年7月24日发布1305-p指令《关于审核活动规划（路线图）》《光电技术发展》.

［31］俄罗斯联邦总统2013年7月23日发布1300-p指令《关于审核工程和工业设计领域活动规划（路线图）》.

［32］俄罗斯联邦总统2013年12月30日发布2602-p指令《关于审核新版活动规划（路线图）》《信息技术行业发展》.

［33］俄罗斯联邦2014—2020年周期及至2025年周期内信息技术行业发展战略. 由俄罗斯联邦2013年11月1日№ 2036-p政府指令通过.

［34］俄罗斯联邦政府2013年7月18日№ 1247-p政府指令《关于审核活动规划（路线图）》《生物技术及基因工程发展》.

［35］俄罗斯联邦截至2020年周期内的生物技术发展综合规划. 由俄罗斯联邦政府指令（№ 1853п-П8, 2012年4月24日）.

［36］俄罗斯联邦2012年5月7日№ 596总统令《关于长期国家经济政策》.

［37］《政府通过了俄罗斯截至2030年周期内科学技术发展长期预测》. URL：http：//prognoz2030.hse.ru/news/109186563.html.

［38］关于俄罗斯联邦总统下属俄罗斯经济和创新发展现代化委员会主席团下辖技术前瞻跨部门委员会的条例. URL：http：//

innovation. gov. ru/sites/default/files/documents/2014/16078/3319. docx.

[39] А·В·索科洛夫，А·А·秋洛克. 俄罗斯截至2030年周期内科学技术发展长期预测：关键特点及初步结果. 前瞻，2012，6，№ 1.

[40] С·К·列奥季耶夫，С·В·卡尔布科. 有关为进行军用产品质量数据收集及分析而进行信息技术领域标准化及统一化问题. 质量学报，2010，№ 4（94）.

[41] 俄罗斯政府2013年5月21日颁发№ 426指令《关于联邦专项规划"俄罗斯2014—2020年周期内科学技术优先发展方向的研究及开发"》.

[42] Exploitable Areas of Science: Report by the Advisory Council for Applied Research and Development (ACARD). L., 1986.

[43] C.W. Sherwin, R.S. Isenson. First Interim Report on Project HINDSIGHT. Washington (D.C.), 1966.

[44] Technology in Retrospect and Critical Events in Science (TRACES): A report prepared for the National Science Foundation /Illinois Institute of Technology Research Institute. Chicago, 1968.

[45] K. Cuhls. Foresight as ex–ante evaluation: The case of the BMBF foresight process. Karlsruhe, 2010.

[46] B.R. Martin. The origins of the concept of "foresight" in science and technology: An insider's perspective. Technological Forecasting & Social Change. 2010, Issue 77: 1438-1447.

[47] J. Irvine, B.R. Martin. Foresight in Science: Picking the Winners. L., 1984.

[48] D. Meadows, et al. The Limits to Growth. N.Y., 1972.

[49] L. Georghiou. The UK Technology Foresight Programme. Future, 1996, 28 (4): 359.

[50] Handbook of Knowledge Society Foresight /European Foundation for

the Improvement of Living and Working Conditions. URL：http：//www. eurofound. europa. eu/publications/htmlfiles/ef0350. htm.

[51] URL：http：//bshe. ru/ours_programs/forsite_business.

[52] А·В·索科洛夫. 前瞻—造就未来之法：《俄罗斯民用协会前景：评估及选择问题》研讨会报告. 国立高等经济教育大学. 2009 年 2 月 25 日. URL：http：//grans. hse. ru/sem_25_02_09.

[53] D. Meissner, L. Gokhberg, A. Sokolov. Science, Technology and Innovation Policy for the Future：Potentials and Limits of Foresight Studies. L. Berlin, 2013.

[54] L. Georghiou. Future of Foresighting for Economic Development：Presented at the UNIDO Expert Group Meeting on the Future of Technology Foresight. Vienna, 2007, 5, 29-30.

[55] R. Popper, T. Teichler. Practical Guide to Mapping Forward-Looking Activities (FLA) Practices, Players and Outcomes：Report for the European Foresight Platform (EFP). Manchester, 2011. URL：http：//www. foresight-platform. eu/wp-content/uploads/2011/01/EFP-mapping-report1. pdf.

[56] P·波佩尔. 未来研究监控. 前瞻, 2012, 6 (2).

[57] URL：http：//rafaelpopper. wordpress. com/foresight-methods/.

[58] В·В·西佐夫. 前瞻：概念，任务及方法论，新经济问题，2012，2.

[59] H·B·舍柳布斯卡娅. 西欧国家前瞻实践//科学·创新·教育. 第五版. 前瞻：使用依据和实践. 莫斯科，2008.

[60] URL：http：//hi-tech. mail. ru/photo/news/soviet_iphone.

[61] M·瓦西里耶夫，C·古谢夫. 来自 21 世纪的报道. 第二版. 莫斯科，1963.

[62] H. Cameron, D. Loveridge, J. Cabrera, L. Castanier, B. Presmanes, L. Vazquez, B. van der Meulen. Technology Foresight：Perspectives for European and International Cooperation. Manchester, 1996.

[63] А·В·索科洛夫. 前瞻：放眼未来. 前瞻. 2007, 1（1）.

[64] George Sylvester Viereck. What Life Means to Einstein: An Interview by George Sylvester Viereck. The Saturday Evening Post. 1929. Oct. 26. P. 17.

[65] A. C. Clarke. Hazards of Prophecy: The Failure of Imagination. Profiles of the Future: An Enquiry into the Limits of the Possible. N. Y., 1962. P. 14, 21, 36.

[66] M. Twain. Chapters from My Autobiography. North American Review, 1906, 9, 7.

[67] R. Popper. The Role of International Organisation in Foresight // Conference at the Andean Development Bank (CAF). Caracas, 2005.

[68] L. Georghiou, J. Cassingena Harper, M. Keenan, I. Miles, R. Popper. The Handbook of Technology Foresight: Concepts and Practice. Cheltenham (UK), 2008.

[69] R. Popper. Foresight Methodology. The Handbook of Technology Foresight. Cheltenham (UK), 2008: 44-88.

[70] M. Keenan. Combining Foresight Methods for Impacts. NISTEP 3rd International Conference on Foresight. Tokyo, November 2007. URL: http://www.nistep.go.jp/IC/ic071119/pdf/3-3_Keenan.pdf.

[71] Keenan M., Popper R. ForeIntegra-RI: Practical Guide for Integrating Foresight into Research Infrastructures Policy Formulation. URL: http://www.arcfund.net/Foreintegra/docs/ForeIntegra_Practical_Guide_to_RI_Foresight-CD.pdf.

[72] Ioannina Conference Manifesto for Foresight Cooperation in an Enlarged European Research and Innovation Area. Ioannina, Greece, 2003, 5: 15-16.

[73] R. Popper, M. Keenan, I. Miles, M. Butter, G. Sainz. Global Foresight Outlook 2007. URL: http://community.iknowfutures.eu/action/file/download?file_guid=8875.

[74] 总结性分析报告《俄罗斯信息-交通技术领域前瞻性发展方向》（长期技术预测. 俄罗斯 IT-Foresight.）. 莫斯科，2007.

[75] 俄罗斯联邦工业和能源部 2007 年 7 月 24 日 № 281 令《有关组织有关俄罗斯工业级能源发展科学技术规划的事宜》（有关工业和能源前瞻）.

[76] 俄罗斯联邦政府 2006 年 12 月 8 日下达的 № 1695-p 政府指令.

[77] 俄罗斯联邦政府 2007 年 3 月 24 日颁布的 № МФ-П13-1349 委托.

[78] URL：http：//www.minprom.gov.ru.

[79] 俄罗斯联邦在截至 2010 年周期内创新系统发展领域主要政策方向. 由俄罗斯联邦政府 2005 年 8 月 5 日下达的 № 2473п-П7 信件通过.

[80] 俄罗斯联邦截至 2015 年周期内经济的技术现代化及科技发展综合规划. 莫斯科，2007.

[81] 俄罗斯联邦总统 2006 年 7 月 13 日下达的 № Пр-1184 委托令.

[82] 俄罗斯联邦总统 2006 年 7 月 28 日下达的 МФП7-3582 委托令.

[83] 俄罗斯联邦总统 2002 年 3 月 30 日 № Пр-576 信件《俄罗斯联邦在截至 2010 及更长周期内科学技术发展领域的政策依据》.

[84] 俄罗斯联邦总统 2006 年 5 月 21 日信件 № Пр-842，Пр-843.

[85] 俄罗斯教育科学部下属科学创新政策问题跨部门委员会（2006 年 12 月 27 日 № 3 协议）.

[86] Д·Р·别洛乌斯洛夫. 国防工业与科学：长期预测之所见（被提交到技术发展国际论坛——技术论坛—2013《第六种技术结构作为俄罗斯发展战略部门》. 新西伯利亚，2013 年 11 月）. 莫斯科，2013.

[87] 截至 2030 年周期内科学技术发展重要方向的长期预测：根据俄罗斯教育与科学部 2011 年 6 月 14 日 № 13.511.12.1001 国家合同《更新截至 2030 年周期内科学技术发展重要方向长期预测》的结果制定的分析摘要/国立研究性高等经济教育大学. 莫斯科，2013.

[88] А·В·索科洛夫. 关键技术方法. 前瞻, 2007, 1(4).

[89] 制定、修改及实施俄罗斯联邦科学、技术及技术装备优先发展方向, 选择俄罗斯联邦关键技术清单的方法/俄罗斯联邦教育与科学部. 莫斯科, 2006.

[90] Strategic and Critical Materials Stock Piling Act of 1946 (Public Law 520-79).

[91] Strategic and Critical Materials 2013 Report on Stockpile Requirements. Office of the Under Secretary of Defense for Acquisition, Technology and Logistics, January 2013.

[92] National Defense Authorization Act for Fiscal Years (FY) 1990 and 1991: Public Law 101-189. Nov. 29, 1989.

[93] Funding for the Critical Technologies Institute: Memorandum Opinion for the Acting General Counsel. Office of Management and Budget, May 12, 1992.

[94] National Science Foundation Authorization Act of 1998: Public Law 105-207. May 12, 1998.

[95] The President's Office of Science and Technology Policy (OSTP): Issues for Congress. January 13, 2014.

[96] W. F. Roche, Jr. Private, Public Roles Overlap in Washington //Los Angeles Times. August 8, 2004.

[97] Protecting Defense Technologies: DoD Assessment Needed to Determine Requirement for Critical Technologies List: Report to Congressional Committees. GAO-13-157. Washington (D.C.), 2013.

[98] The Export Administration Act of 1979 (EAA): Public Law 96-72. September 29, 1979.

[99] Defense Technologies: DoD's Critical Technology Lists Rarely Inform Export Control and Other Policy Decisions. GAO-06-793. Washington (D.C.), 2006.

[100] Militarily Critical Technologies List. September 19, 2001.

[101] G. Boezer. Militarily Critical Technologies Program //Institute for Defense Analyses (IDA) Research Summaries. 2004. Vol. 11. No. 1.

[102] Department of Defense Instruction 2040.02: International Transfers of Technology, Articles, and Services. July 10, 2008.

[103] Department of Defense Instruction 3020.46: The Militarily Critical Technologies List (MCTL). October 24, 2008.

[104] 联邦级别的关键技术/俄罗斯联邦国家科技委员会. 莫斯科, 1996.

[105] 政府委员会有关科学技术政策的决议（1996年5月28日纪要№2, ВК-П27-П8-36др）.

[106] URL: http://regions.extech.ru/acts/lists/lists1.php.

[107] URL: http://regions.extech.ru/acts/lists/rate.php.

[108] 有效恢复国家科技潜力的条件及主要问题：综合分析报告/俄罗斯联邦审计署. 莫斯科, 2003.

[109] URL: http://issek.hse.ru/projects/182372.

[110] А·В·索科洛夫. 技术发展优先方向的选择：社会经济方面.《俄罗斯新技术发展社会背景：跨学科研究的前景》会议上的报告. 莫斯科：2006年10月20日. URL: http://www.ino-center.ru/news/doc/pr181_2.pdf.

[111] 俄罗斯联邦教育与科学部2006年2月17日新闻稿. URL: http://old.mon.gov.ru/press/reliz/2180, print/.

[112] 俄罗斯联邦政府2009年4月22日下达№340指令《关于审核制定、修改及实施俄罗斯联邦科学、技术及技术装备优先发展方向，选择俄罗斯联邦关键技术清单规则的事宜》.

[113] 具有重要社会经济意义或对国家国防及安全具有重要作用的技术（关键技术）清单变更. 由俄罗斯联邦政府2013年6月24日№1059-р指令通过.

[114] Technology Roadmapping: Delivering Business Vision /European Industrial Research Management Association (EIRMA). Paris, 1997.

[115] R. Phaal. Technology Roadmapping. URL: www.cgee.org.br/atividades/redirKori/295.

[116] M. G. Moehrle, R. Isenmann, R. Phaal. Technology Roadmapping for Strategy and Innovation: Charting the Route to Success. Berlin; N. Y., 2013.

[117] M. L. Garcia, O. H. Bray. Fundamentals of Technology Roadmapping. Sandia National Laboratories, 1997.

[118] R. Phaal, C. J. P. Farrukh, D. R. Probert. Fast-Start Technology Roadmapping //Management of Technology: The Key to Prosperity in the Third Millennium: Selected Papers of the 9th International Conference on Management of Technology (IAMOT, 2000). Amsterdam; N. Y., 2001.

[119] R. Phaal, C. J. P. Farrukh, D. R. Probert. Characterisation of technology roadmaps: purpose and format //Proceedings of the Portland International Conference on Management of Engineering and Technology (PICMET'01). Portland, July 29—August 2. Piscataway (NJ), 2001.

[120] Unmanned Systems Integrated Roadmap, FY2013-2038 /Department of Defense. URL: http://www.defense.gov/pubs/DOD-USRM-2013.pdf.

[121] Unmanned Systems Integrated Roadmap, FY2009-2034 /Department of Defense. URL: www.dtic.mil/get-tr-doc/pdf? AD = ADA522247.

[122] Technology Roadmapping: A Guide for Government Employees / Industry Canada. URL: http://www.future-designing.org/biblioteka/technologyroadmappingaguideforgovernmentemployees.html.

[123] P. Graham. Soldier Systems Technology Roadmap（SSTRM）. URL：http：//www. textilescience. ca/downloads/111th_presentations/Pres_Peter_Graham. pdf.

[124] URL：http：//prognoz2030. hse. ru/6pr.

[125] 俄罗斯联邦政府1995年6月26日No 594（2014年1月15日编辑出版）指令《有关联邦法令"关于联邦国家需求产品的供应"》（连同"俄罗斯联邦参与实施的联邦专项规划及国家间专项规划制定及实施方法"）.

[126] 俄罗斯联邦政府2010年8月2日No 588指令《关于审核俄罗斯联邦国家规划的制定、实施及效率评估方法的事宜》.

[127] 俄罗斯联邦经济发展部2012年12月26日No 817指令《关于审核俄罗斯联邦国家规划制定及实施方法规范的事宜》.

[128] В·波波夫金. 在武器装备国家规划中，高技术样本被赋予优先性. 国防：2014，1.

[129] 俄罗斯联邦2012年12月29日联邦法律No 275-Ф3《关于国防订购的事宜》.

[130] 俄罗斯联邦政府2013年12月26日No 1255指令《关于国防订购及其基本指标制定的事宜》.

[131] В·М·布列诺克. 俄罗斯联邦武器装备系统发展装箱规划的革新及其前景. 武器装备及经济，2012，4（20）.

[132] 中央军事技术情报所. No 1824, 1802, 1408.

[133] В·С·奥杜耶夫斯基，Г·Р·乌斯宾斯基. 航天工业. 莫斯科，1989.

[134] В·Г·格莫申斯基. 工程规划. 莫斯科，1982.

[135] И·Н·格罗瓦涅夫. 联邦设施及资源监控体系：建立及技术实施的基础. 莫斯科，2006.

[136] В·Б·喀什金，А·И·苏辛宁. 从太空进行地面遥测：图像的数字处理. 莫斯科，2001.

[137] URL：http：//www. agentura. ru/equipment/kosmos/.

［138］URL：http：//kosmos. claw. ru/shared/231. html.

［139］URL：http：//book‑science. ru/social/economics/metody‑kaches-tvennogo‑ocenivanija‑sistemmetody‑tipa‑del‑fi. html.

［140］Г·M·多布罗夫，Ю·B·叶尔绍夫，等. 科学技术规划中的专家评估. 基辅，1974.

［141］C·A·萨尔基翔，Л·B·格罗瓦洛夫. 通用系统发展规划. 莫斯科，1975.

［142］C·A·萨尔基翔. 规划及决策理论. 莫斯科，1977.